中华人民共和国交通部部标准

公路桥涵标准图

(1973～1993年)常用结构标准图汇编

第一部分　石拱桥

1	JT/GQB	017-73	石拱桥
2	JT/GQB	018-73	石拱桥
3	JT/GQB	046-84	石拱桥

人民交通出版社股份有限公司
China Communications Press Co.,Ltd.

图书在版编目(CIP)数据

公路桥涵标准图(1973~1993年)常用结构标准图汇编.
第1部分,石拱桥／人民交通出版社股份有限公司汇编.—北京：
人民交通出版社股份有限公司,2014.11
(中华人民共和国交通部部标准)
ISBN 978-7-114-11869-2

Ⅰ.①公… Ⅱ.①人… Ⅲ.①公路桥—桥涵工程—标准图—汇编—中国
②石拱桥—桥涵工程—标准图—汇编—中国 Ⅳ.①U448.142.5

中国版本图书馆CIP数据核字(2014)第268792号

书　　名：	公路桥涵标准图(1973~1993年)常用结构标准图汇编. 第一部分石拱桥
著　作　者：	人民交通出版社股份有限公司
责任编辑：	张征宇　赵瑞琴
出版发行：	人民交通出版社股份有限公司
地　　址：	(100011)北京市朝阳区安定门外外馆斜街3号
网　　址：	http://www.ccpress.com.cn
销售电话：	(010)59757973
总　经　销：	人民交通出版社股份有限公司发行部
经　　销：	各地新华书店
印　　刷：	北京市密东印刷有限公司
开　　本：	787×1092　1/8
印　　张：	14
版　　次：	2014年11月　第1版
印　　次：	2014年11月　第1次印刷
书　　号：	ISBN 978-7-114-11869-2
定　　价：	200.00元

(有印刷、装订质量问题的图书由本公司负责调换)

前　言

改革开放以来,我国桥梁建设得到了快速发展,至2013年底,公路桥梁数量已达73.5万座,其中危桥近10万座。在这批危桥中,相当一部分桥梁是在20世纪70年代至90年代建设的,桥梁结构形式大都采用中小跨径标准图设计,限于当时经济、技术等方面的制约,设计荷载偏低,加之交通量日益增大,超重、超载车辆屡禁不绝,桥梁已不堪重负,急需进行安全隐患排查和桥梁加固改造。

目前,各省市部分公路桥梁养护管理单位危旧桥梁基础资料严重缺失,给桥梁养护管理带来很大困难。为配合交通运输部做好危旧桥梁安全隐患改造、满足公路桥梁养护管理单位以及桥梁检测、评定、加固、维修和改造等单位的迫切需求,人民交通出版社股份有限公司将20世纪70年代至90年代交通部部标准公路桥涵标准图中常用结构的石拱桥,钢筋混凝土、预应力混凝土T形梁,钢筋混凝土、预应力混凝土板和预应力混凝土I形组合梁等16本标准图汇编成册再版。为危旧桥梁养护管理工作的开展和技术档案真实完整,以及进行桥梁检测、评定、加固、维护和改造提供依据和技术支持。

交通部部标准公路桥涵标准图(1973~1993年)常用结构标准图见附表。

交通部部标准公路桥涵标准图(1973~1993年)常用结构标准图汇编　　附表

部分		编号	图名	跨径(m)	斜交角度	荷载	净宽(m)
第一部分　石拱桥	1	JT/GQB 017-73	石拱桥	6、8、10、13、16、20	/	汽车-15级 挂车-80	净7
	2	JT/GQB 018-73	石拱桥	6、8、10、13、16、20	/	汽车-20级 挂车-100	净7
	3	JT/GQB 046-84	石拱桥	25、30、40、50、60	/	汽车-20级 挂车-100	净7
第二部分　钢筋混凝土、预应力混凝土T形梁	1	JT/GQB 011-73	装配式钢筋混凝土T形梁(Ⅱ级钢筋)	10、13、16、20	/	汽车-20级 挂车-100	净7 净9
	2	JT/GQB 013-73	装配式钢筋混凝土T形梁(Ⅲ级钢筋)	10、13、16、20	/	汽车-20级 挂车-100	净7 净9
	3	JT/GQS 025-84	装配式钢筋混凝土T形梁	10、13、16、20	/	汽车-15级 挂车-80 汽车-20级 挂车-100 汽车-超20级 挂车-120	2×净7.5 2×净7 净9 净7
	4	JT/GQB 025-75	装配式后张法预应力混凝土简支梁	25、30、35、40	/	汽车-15级 挂车-80	净7 净9
	5	JT/GQB 026-75	装配式后张法预应力混凝土简支梁	25、30、35、40	/	汽车-20级 挂车-100	净7 净9
	6	JT/GQS 024-83	装配式预应力混凝土简支梁	25、30、35、40	/	汽车-20级 挂车-100 汽车-超20级 挂车-120	2×净7.5 2×净7 净9 净7
第三部分(上册)　钢筋混凝土、预应力混凝土板	1	JT/GQB 001-73	装配式预应力混凝土空心板	8、10、13、16	/	汽车-15级 挂车-80	净7 净9
	2	JT/GQB 004-73	装配式钢筋混凝土矩形板式桥涵上部构造	1.5、2.0、2.5、3.0、4.0、5.0、6.0、8.0	/	汽车-20级 挂车-100	净7 净9
	3	JT/GGQS 011-84	装配式钢筋、预应力混凝土板	5、6、8、10、13、16	0°、15°、30°、45°	汽车-超20级 挂车-120	2×净11
第三部分(下册)　钢筋混凝土、预应力混凝土板	1	JT/GQB 001-93	装配式预应力混凝土斜空心板桥上部构造	10、13、16、20	10°、20°、30°、40°	汽车-20级 挂车-100 汽车-超20级 挂车-120	2×净11 2×净9.75 净9 净7
	2	JT/GQB 002-93	装配式钢筋混凝土空心板桥上部构造	6、8、10、13	10°、20°、30°、40°	汽车-20级 挂车-100 汽车-超20级 挂车-120	2×净11.5 2×净9.75 净9 净7
第四部分　预应力混凝土I形组合梁斜桥	1	JT/GQB 006-93	装配式后张法预应力混凝土I形组合梁斜桥	30	0°、15°、30°、45°	汽车-20级 挂车-100 汽车-超20级 挂车-120	净11.5 净9.75 净9 净7
	2	JT/GQB 007-93	装配式后张法预应力混凝土I形组合梁斜桥	40	0°、15°、30°、45°	汽车-20级 挂车-100 汽车-超20级 挂车-120	净11.5 净9.75 净9 净7

总 目 录

1　JT/GQB　017-73　石拱桥 …………………………………………………………………………（ 1 ）

2　JT/GQB　018-73　石拱桥 …………………………………………………………………………（ 27 ）

3　JT/GQB　046-84　石拱桥 …………………………………………………………………………（ 63 ）

中华人民共和国交通部部标准

公路桥涵标准图

石 拱 桥

JT/GQB 017-73

编 制 单 位： 交通部公路规划设计院
批 准 单 位： 交通部
跨　　　径： 6　8　10　13　16　20(米)
荷　　　载： 汽车-10级　履带-50
　　　　　　 汽车-15级　挂车-80
矢 跨 比： 1/2　1/3　1/4　1/5
净　　　空： 净-7　附2×0.75米人行道
拱轴线型： 等截面圆弧线

人民交通出版社

1978年·北京

目 录

名 称	适 用 范 围	图号	名 称	适 用 范 围	图号
说明			工程数量表	$L_0 = 10$ 米　$\dfrac{f_0}{L_0} = \dfrac{1}{2}\ \dfrac{1}{3}\ \dfrac{1}{4}\ \dfrac{1}{5}$	11
立体图					
一般构造		1	墩台尺寸	$L_0 = 13$ 米　$\dfrac{f_0}{L_0} = \dfrac{1}{2}$	12
拱圈尺寸		2			
墩台尺寸	$L_0 = 6$ 米　$\dfrac{f_0}{L_0} = \dfrac{1}{2}$	3	墩台尺寸	$L_0 = 13$ 米　$\dfrac{f_0}{L_0} = \dfrac{1}{3}\ \dfrac{1}{4}\ \dfrac{1}{5}$	13
墩台尺寸	$L_0 = 6$ 米　$\dfrac{f_0}{L_0} = \dfrac{1}{3}\ \dfrac{1}{4}\ \dfrac{1}{5}$	4	工程数量表	$L_0 = 13$ 米　$\dfrac{f_0}{L_0} = \dfrac{1}{2}\ \dfrac{1}{3}\ \dfrac{1}{4}\ \dfrac{1}{5}$	14
工程数量表	$L_0 = 6$ 米　$\dfrac{f_0}{L_0} = \dfrac{1}{2}\ \dfrac{1}{3}\ \dfrac{1}{4}\ \dfrac{1}{5}$	5	墩台尺寸	$L_0 = 16$ 米　$\dfrac{f_0}{L_0} = \dfrac{1}{3}\ \dfrac{1}{4}\ \dfrac{1}{5}$	15
墩台尺寸	$L_0 = 8$ 米　$\dfrac{f_0}{L_0} = \dfrac{1}{2}$	6	工程数量表	$L_0 = 16$ 米　$\dfrac{f_0}{L_0} = \dfrac{1}{3}\ \dfrac{1}{4}\ \dfrac{1}{5}$	16
墩台尺寸	$L_0 = 8$ 米　$\dfrac{f_0}{L_0} = \dfrac{1}{3}\ \dfrac{1}{4}\ \dfrac{1}{5}$	7	墩台尺寸	$L_0 = 20$ 米　$\dfrac{f_0}{L_0} = \dfrac{1}{3}\ \dfrac{1}{4}\ \dfrac{1}{5}$	17
工程数量表	$L_0 = 8$ 米　$\dfrac{f_0}{L_0} = \dfrac{1}{2}\ \dfrac{1}{3}\ \dfrac{1}{4}\ \dfrac{1}{5}$	8	工程数量表	$L_0 = 20$ 米　$\dfrac{f_0}{L_0} = \dfrac{1}{3}\ \dfrac{1}{4}\ \dfrac{1}{5}$	18
墩台尺寸	$L_0 = 10$ 米　$\dfrac{f_0}{L_0} = \dfrac{1}{2}$	9	栏杆、桥面、台后排水构造 拱上侧墙内坡"m"值表		19
墩台尺寸	$L_0 = 10$ 米　$\dfrac{f_0}{L_0} = \dfrac{1}{3}\ \dfrac{1}{4}\ \dfrac{1}{5}$	10	干砌拱施工说明		20
			浆砌拱施工说明		21

说 明

一、技术标准与设计规范

本图编制主要依据：

（一）中华人民共和国交通部部标准《公路工程技术标准》（试行）

（二）中华人民共和国交通部部标准《公路桥涵设计规范》（试行）

二、技术指标

表一

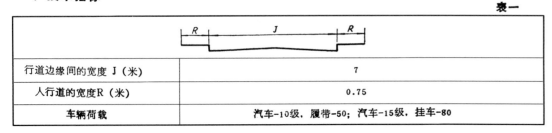

行道边缘间的宽度 J（米）	7
人行道的宽度 R（米）	0.75
车辆荷载	汽车-10级，履带-50；汽车-15级，挂车-80

表二

上部构造		下 部 构 造	
跨径（米）	矢跨比	桥墩高度 H（米）	桥台高度 H（米）
6	1/2	5，6，7，8	5，6，7
	1/3	5，6，7，8	4，5，6
	1/4	5，6，7，8	4，5，6
	1/5	5，6，7，8	4，5，6
8	1/2	6，7，8，9	6，7，8
	1/3	5，6，7，8，9	5，6，7，8
	1/4	5，6，7，8，9	5，6，7，8
	1/5	4，5，6，7	4，5，6，7

续表二

上部构造		下部构造	
跨径(米)	矢跨比	桥墩高度H(米)	桥台高度H(米)
10	1/2	7、8、9、10	7、8、9
	1/3	6、7、8、9、10	6、7、8、9
	1/4	6、7、8、9、10	6、7、8、9
	1/5	5、6、7、8、9	5、6、7、8
13	1/2	9、10、11	9、10、11
	1/3	7、8、9、11	7、8、9、10
	1/4	6、7、8、9、10、11	6、7、8、9、10
	1/5	6、7、8、9、10	5、6、7、8、9
16	1/3	8、9、10、11、12	8、9、10、11
	1/4	7、8、9、10、11、12	7、8、9、10、11
	1/5	6、7、8、9、10、11	7、8、9、10、11
20	1/3	10、12、14、16、18	10、12、14、16
	1/4	8、10、12、14、16	8、10、12、14
	1/5	8、10、12、14、16	8、10、12、14

三、主要材料（详见表三。）

四、设计要点

（一）本图在原1960年我院和陕西交通设计院编的设计图汇编的基础上修改整理编制而成。

（二）拱圈按弹性无铰拱进行内力计算，矢跨比为1/2的拱圈按1/3矢跨比计算，计算跨径相应地缩短，桥墩及桥台则仍按原矢跨比为1/2的拱圈计算。

（三）拱圈计算未考虑墩、台的位移对拱圈受力的影响。

（四）多跨桥墩按相邻桥孔等跨径计算，未考虑单向推力的作用。

五、施工要点

干砌拱、浆砌拱施工说明详见图号20～21，另外在使用本图时还应说明如下几点：

（一）拱圈、拱上侧墙及墩台外露表面，如无特殊美化的要求时，应尽量避免采用镶面石，在砌筑时必须在石料中选择一面较为平整的石料作为镶面之用。墩、台外露部分尚应根据当地气候条件，水流及漂浮物情况决定是否用强度较高的石料作为镶面之用。

（二）栏杆形式可根据就地取材、经济、耐用并适当照顾美观的原则自行设计。图号19内所示者作参考使用。

（三）帽石材料本图采用粗料石，如粗料石加工困难，则可用150号混凝土预制块代替，或经过经济比较后，加宽拱圈、缩短帽石悬臂长度，改用浆砌片石。

（四）桥台侧墙应与前墙砌成整体，如由于桥面净空增宽，致使U形桥台不能构成整体时，则前墙应按独立墙另行设计。

六、其他

（一）在本图中所有尺寸，除注明者外，均以厘米计。

（二）在图号5、8、11、14、16、18工程数量表中的小计栏内，分别以拱圈及墩台为计算单元，拱上护拱数量则分别计入墩台内，此外桥台侧墙数量已计入台身内，未予单列。

（三）附录：圬工砌体规格

大面片石砌体：具有两个较大的大致平行的片石砌体，拱圈均采用该种砌体。

片石砌体：厚度不小于15厘米的石料，砌筑时敲去其尖锐凸出部分，放置平稳，用小石块填塞空隙。

块石砌体：厚度20～30厘米，形状大致方正，宽度约为厚度的1～1.5倍，长度约为厚度的1.5～3倍；每层石料高度大致一律，并错缝砌筑。

粗料石砌体：厚度20～30厘米的石料，宽度为厚度的1～1.5倍，长度为厚度的2.5～4倍；表面凹陷深度不大于2厘米，外形方正的六面体，错缝砌筑，缝宽不大于2厘米。

混凝土预制块砌体：用粗料石砌体，但砌块表面平整，砌缝宽度不大于1厘米。

上、下部构造砌筑材料表　　表三

跨径	工程种类		石料规格	砂浆标号		跨径	工程种类		石料规格	砂浆标号	
				砌筑	勾缝					砌筑	勾缝
6	$\frac{f_o}{L_o}=\frac{1}{2}$	干砌	800号片石	—	—	13	$\frac{f_o}{L_o}=\frac{1}{2}$	浆砌	400号块石	25	50
		干砌	300号块石	—	—			浆砌	500号片石	50	75
		浆砌	400号片石	25	50			干砌	800号块石	—	—
	$\frac{f_o}{L_o}=\frac{1}{3}\frac{1}{4}\frac{1}{5}$	干砌	500号块石	—	—		$\frac{f_o}{L_o}=\frac{1}{3}\frac{1}{4}\frac{1}{5}$	浆砌	800号片石	25	50
		干砌	300号块石	—	—			浆砌	400号块石	50	75
		浆砌	300号片石	25	50	16	$\frac{f_o}{L_o}=\frac{1}{3}\frac{1}{4}\frac{1}{5}$	干砌	400号粗料石	—	—
8		干砌	500号块石	—	—			浆砌	500号块石	25	50
		浆砌	400号片石	25	50			浆砌	500号片石	50	75
		浆砌	300号片石	25	50	20		浆砌	500号块石	50	75
								浆砌	800号片石	75	100
10	$\frac{f_o}{L_o}=\frac{1}{2}$	干砌	800号片石	—	—	拱上侧墙		浆砌	400号片石	—	—
		干砌	800号块石	25	50			浆砌	300号片石	15	25
		浆砌	400号片石	50	75	帽石		浆砌	250号粗料石	50	75
	$\frac{f_o}{L_o}=\frac{1}{3}\frac{1}{4}$	干砌	500号块石	—	—	护拱		浆砌	250号片石	25	50
		干砌	800号块石	25	50			浆砌	250号片石	15	—
		浆砌	500号片石	50	75	墩台身	拱脚处		与拱圈相同		
	$\frac{f_o}{L_o}=\frac{1}{5}$	干砌	400号块石	—	—		水上	浆砌	250号片石	25	50
		浆砌	400号片石	25	50		水下	浆砌	300号片石	50	75
		浆砌	300号片石	50	75			浆砌	250号片石	25	—
13	$\frac{f_o}{L_o}=\frac{1}{2}$	干砌	300号粗料石	—	—	墩台基础		混凝土	150号混凝土		

附注　1.表内未注明跨径者，对每种跨径均适用。2.墩台身栏的"水上""水下"系指常水位置部分和以下。
　　　3.表内仅注明跨径的各栏，为拱圈的材料。

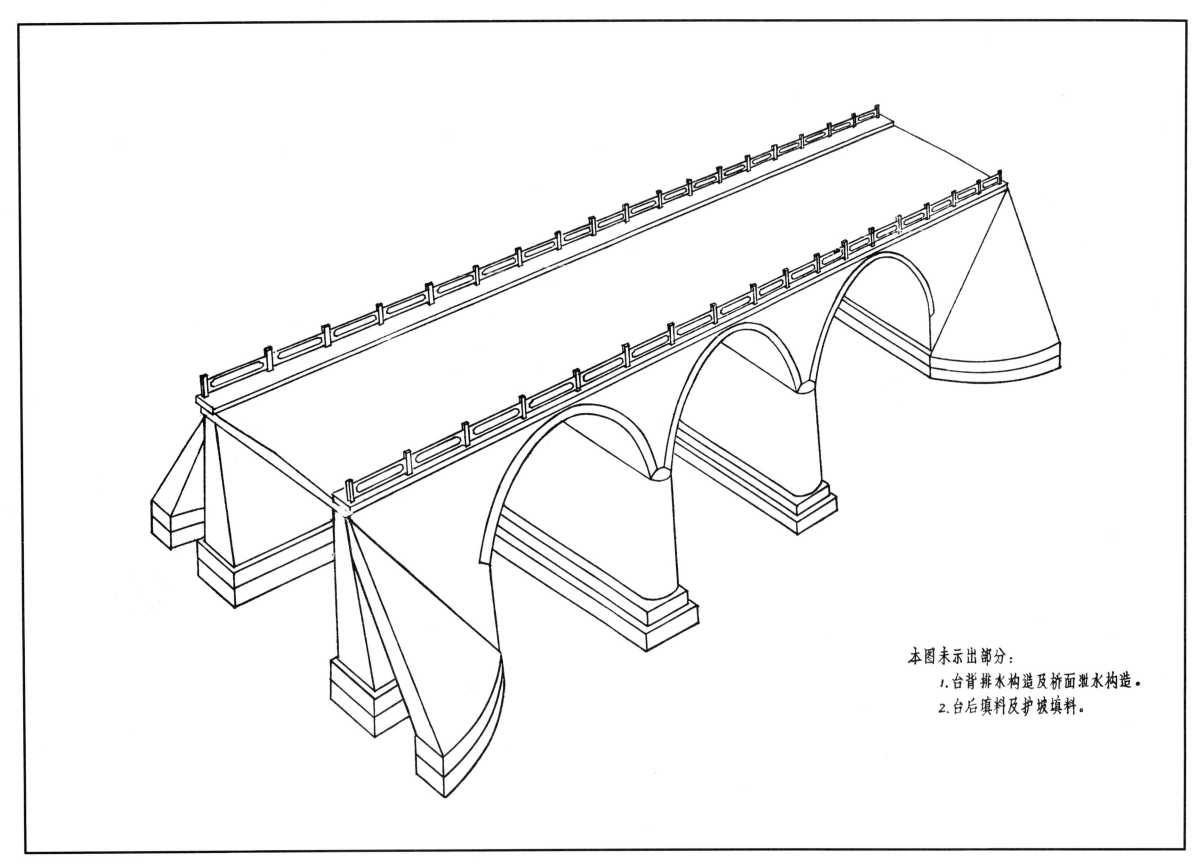

本图未示出部分：
1. 台背排水构造及桥面泄水构造。
2. 台后填料及护坡填料。

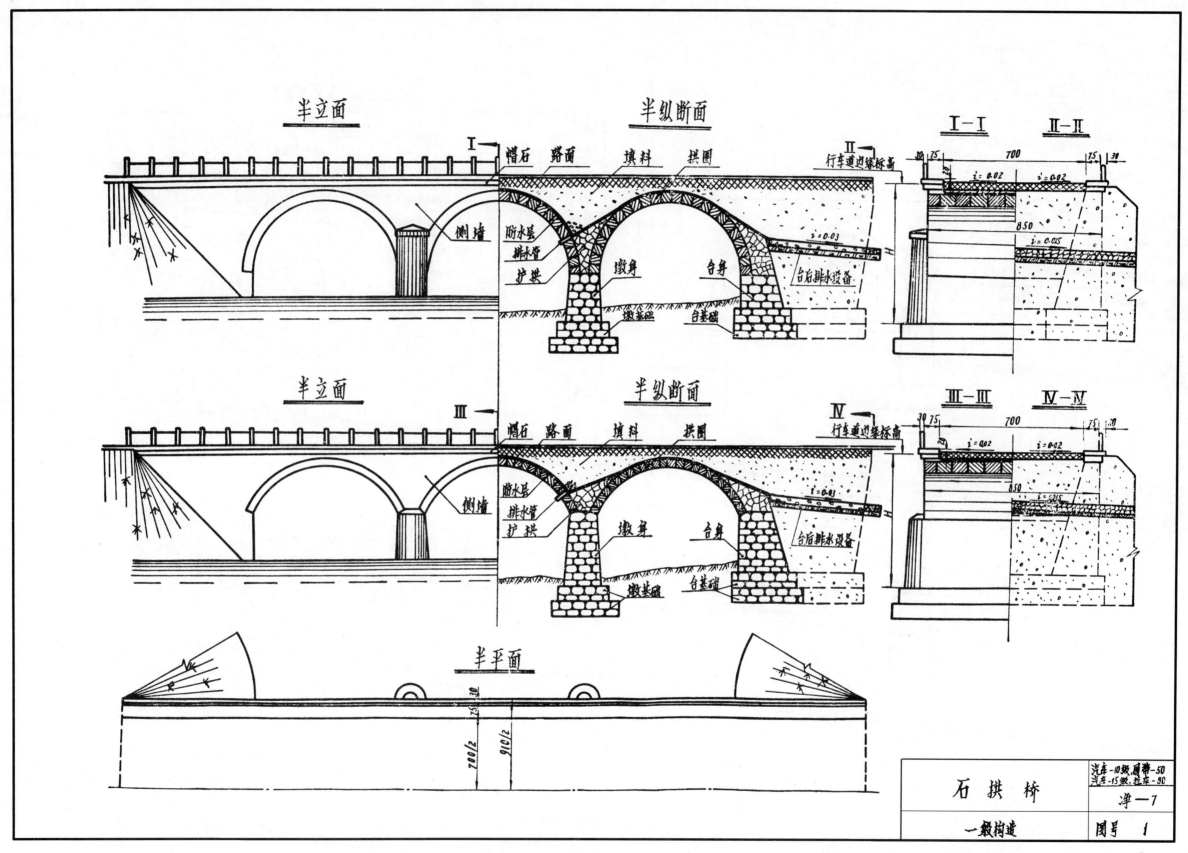

半圆拱圈尺寸表(厘米)

跨径	d_0	R	γ	S	t	$\frac{1}{2}$矢跨比时				按$\frac{1}{2}$矢跨比计算时					
						L_0	f_0	L	f	L'_0	f'_0	L'	f'	x'	y'
600	40	340	300	150	150	600	300	640	320	554	185	591	197	37	15
800	45	445	400	200	200	800	400	845	423	738	246	780	260	42	17
1000	50	550	500	250	250	1000	500	1050	525	923	308	969	323	46	19
1300	55	705	650	325	325	1300	650	1355	678	1200	400	1251	417	51	21

圆弧拱圈尺寸表(厘米)

跨径	f_0/L_0	f_0	d_0	R	γ	S	t	L	f	x	y
600	1/3	200	45	370	325	150	83	642	214	42	17
	1/4	150	50	425	375	150	45	640	160	40	30
	1/5	120	50	485	435	150	24	634	127	34	36
800	1/3	267	50	483	433	200	115	846	283	46	19
	1/4	200	55	555	500	200	67	844	211	44	33
	1/5	160	55	635	580	200	40	838	168	38	40
1000	1/3	333	55	597	542	250	146	1051	350	51	21
	1/4	250	60	685	625	250	89	1048	262	48	36
	1/5	200	60	785	725	250	57	1041	209	41	43
1300	1/3	433	60	764	704	325	194	1355	452	55	23
	1/4	325	65	878	813	325	124	1352	338	52	39
	1/5	260	65	1008	943	325	83	1345	269	45	47
1600	1/3	533	65	932	867	400	242	1660	553	60	25
	1/4	400	70	1070	1000	400	158	1656	414	56	42
	1/5	320	75	1235	1160	400	106	1652	331	52	54
2000	1/3	667	70	1153	1083	500	307	2065	689	65	27
	1/4	500	75	1325	1250	500	205	2060	515	60	45
	1/5	400	85	1535	1450	500	138	2059	412	59	62

半圆拱圈尺寸图

圆弧拱圈尺寸图

石拱桥

拱圈尺寸

汽车-10级 拖拉-50
汽车-15级 挂车-80

净—7

图号 2

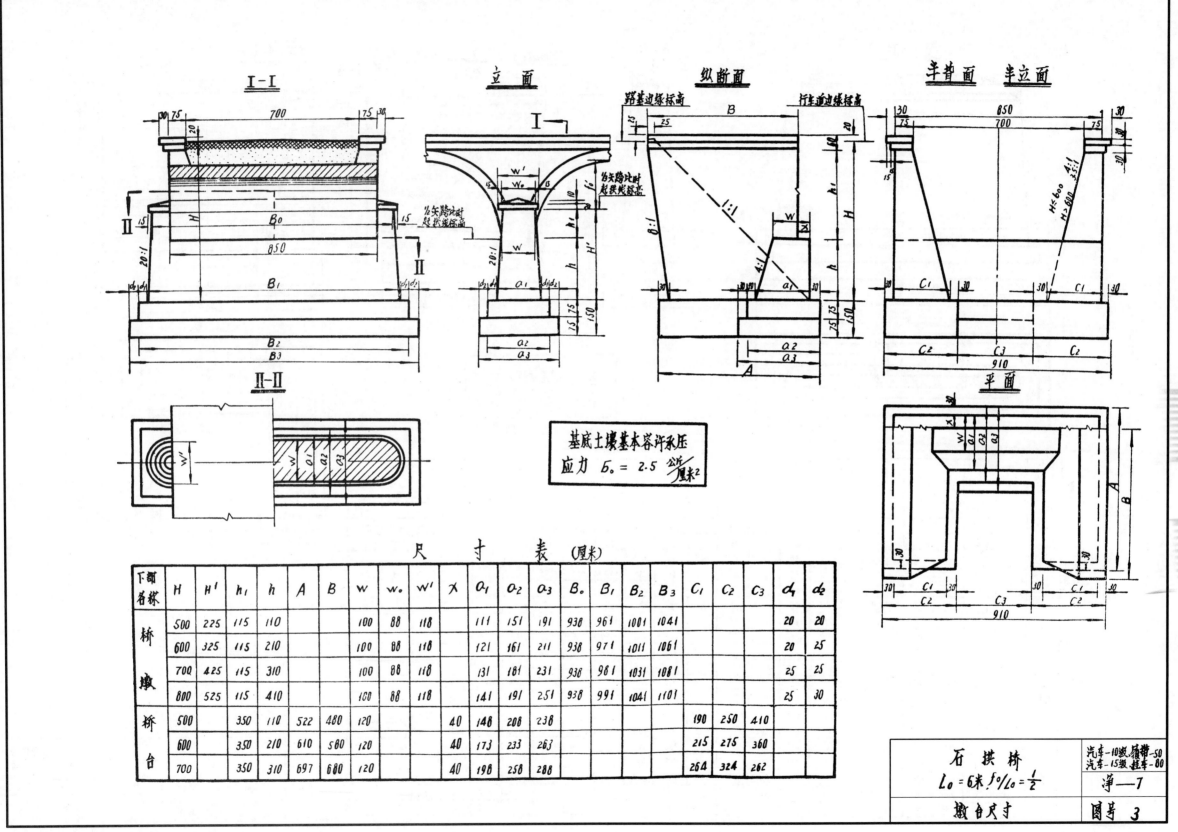

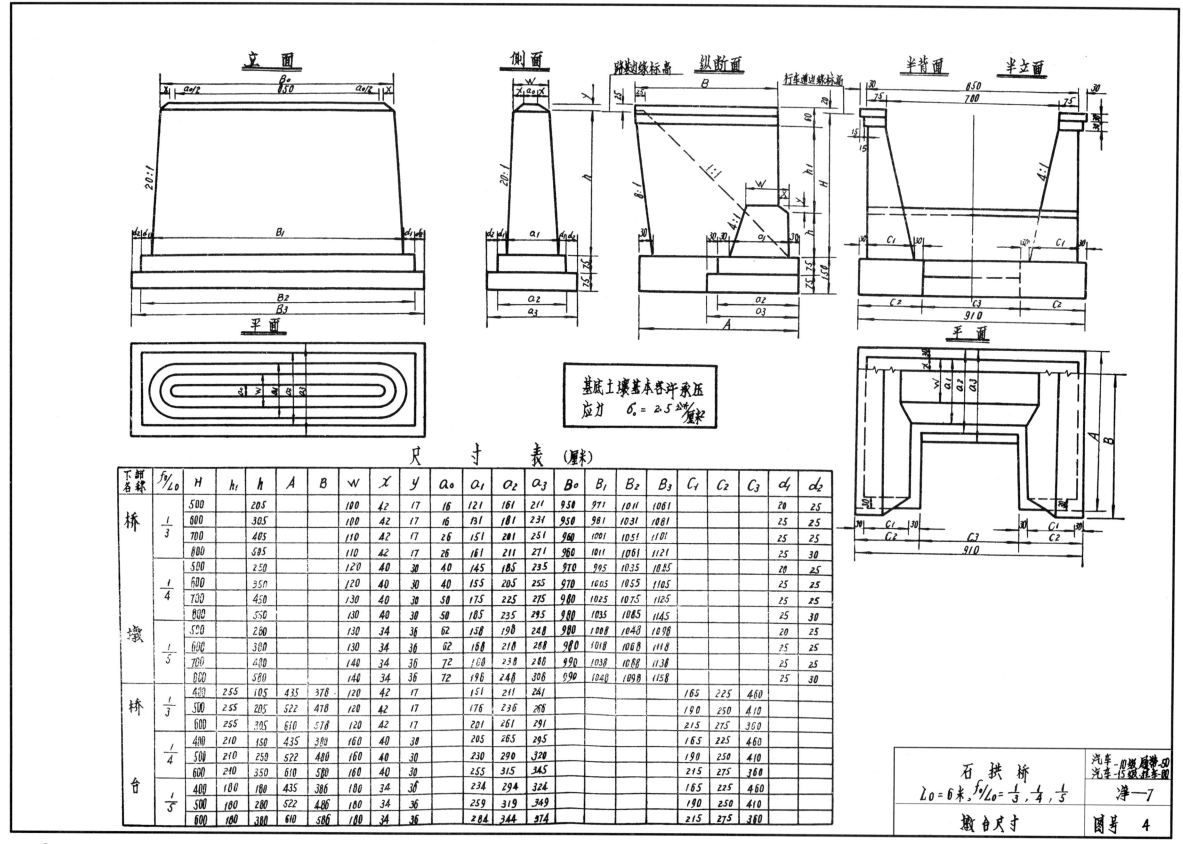

工程数量表

f_0/L_0	工程种类		圬工数量（米³）						勾缝数量（米²）					护拱（米³）	防水层（米²）	填料（米³）	路面材料（米²）
			拱圈	拱上侧墙	帽石	墩台身	基础	小计	拱圈	拱上侧墙	帽石	墩台身	小计				
1/2	拱圈		34.2	9.3	8.0			51.5	86.4	9.9	16.3		112.6	22.4		34.3	47.6
	桥墩（厘米）	500		1.1	0.2	11.9	26.3	39.5		1.1	0.5	27.7	29.3	6.1	62.8	1.9	1.4
		600		1.1	0.2	22.8	29.0	53.1		1.1	0.5	48.3	49.9	6.1	62.8	1.9	1.4
		700		1.1	0.2	34.8	32.7	68.8		1.1	0.5	69.3	70.9	6.1	62.4	1.9	1.4
		800		1.1	0.2	47.9	35.6	84.8		1.1	0.5	90.6	92.2	6.1	62.4	1.9	1.4
	桥台（厘米）	500				5.6	63.8	52.9	122.3			11.5	30.0	41.5	14.9	36.5	110.2	33.6
		600				6.8	106.8	63.7	177.3			13.9	49.2	63.1	14.9	36.5	165.2	40.6
		700				8.0	169.1	78.6	255.7			16.3	70.4	86.7	14.5	36.2	209.2	47.6
1/3	拱圈		31.4	7.7	8.0			47.1	72.6	8.6	16.4		97.6	12.7		39.9	47.9
	桥墩（厘米）	500		0.8	0.2	22.1	29.0	52.1		0.8	0.4	42.8	44.0	3.2	59.6	1.8	1.1
		600		0.8	0.2	34.1	32.7	67.8		0.8	0.4	63.8	65.0	3.2	59.6	1.8	1.1
		700		1.2	0.3	51.5	36.6	89.6		1.2	0.6	86.5	88.3	3.9	60.3	2.9	1.8
		800		1.2	0.3	66.8	39.6	107.9		1.2	0.6	108.4	110.2	3.9	60.3	2.9	1.8
	桥台（厘米）	400				4.4	41.8	45.0	91.2			9.0	21.6	30.6	7.1	36.0	77.0	26.6
		500				5.6	75.3	54.6	135.5			11.4	38.8	50.2	7.1	36.0	117.9	33.6
		600				6.8	118.4	65.2	190.4			13.8	58.0	71.8	7.1	36.0	164.4	40.5
1/4	拱圈		31.5	6.1	8.0			45.6	66.6	7.0	16.4		90.0	8.9		38.4	47.6
	桥墩（厘米）	500		1.3	0.5	33.8	33.5	69.1		1.4	1.0	54.3	56.7	3.5	59.9	3.8	2.8
		600		1.3	0.5	48.4	37.4	87.6		1.4	1.0	76.0	78.4	3.5	59.9	3.8	2.8
		700		1.6	0.6	69.2	41.3	112.7		1.8	1.2	99.7	102.7	4.0	60.7	4.9	3.5
		800		1.6	0.6	87.1	44.5	133.8		1.8	1.2	122.3	125.3	4.0	60.7	4.9	3.5
	桥台（厘米）	400				4.5	51.7	48.7	104.9			9.2	26.0	35.2	4.1	39.1	72.3	26.6
		500				5.6	87.9	57.9	151.4			11.6	43.2	54.8	4.1	39.1	110.1	33.6
		600				6.8	133.7	68.1	208.6			14.0	62.4	76.4	4.1	39.1	154.3	40.6
1/5	拱圈		29.7	4.8	8.0			42.5	60.0	5.6	16.0		81.6	6.7		35.9	46.8
	桥墩（厘米）	500		1.6	0.7	42.2	36.0	80.4		1.7	1.5	60.5	62.9	3.6	51.8	5.3	4.3
		600		1.6	0.7	58.2	40.0	100.5		1.7	1.5	82.0	84.4	3.6	51.8	5.3	4.3
		700		1.8	0.9	80.8	44.1	127.6		1.9	1.7	106.0	108.8	4.0	52.6	6.1	5.0
		800		1.8	0.9	100.5	47.3	150.5		1.9	1.7	128.0	130.8	4.0	52.6	6.1	5.0
	桥台（厘米）	400				4.5	60.0	50.7	115.2			9.0	29.2	38.2	2.8	40.8	67.6	27.1
		500				5.6	98.3	59.6	163.5			11.4	46.1	57.5	2.8	40.8	103.2	34.1
		600				6.8	144.9	69.8	221.5			13.8	65.1	78.9	2.8	40.8	146.6	41.0

附注

1. 拱上侧墙及护拱砌筑种类的选择，应与拱圈砌筑种类相适应。

2. 墩台基础必须在排水比较困难的情况下，才容许采用混凝土浇筑。

石拱桥 $L_0=6$ 米 $f_0/L_0=\frac{1}{2},\frac{1}{3},\frac{1}{4},\frac{1}{5}$ 净—7

汽车-10级，履带-50
汽车-15级，挂车-80

工程数量表　图号 5

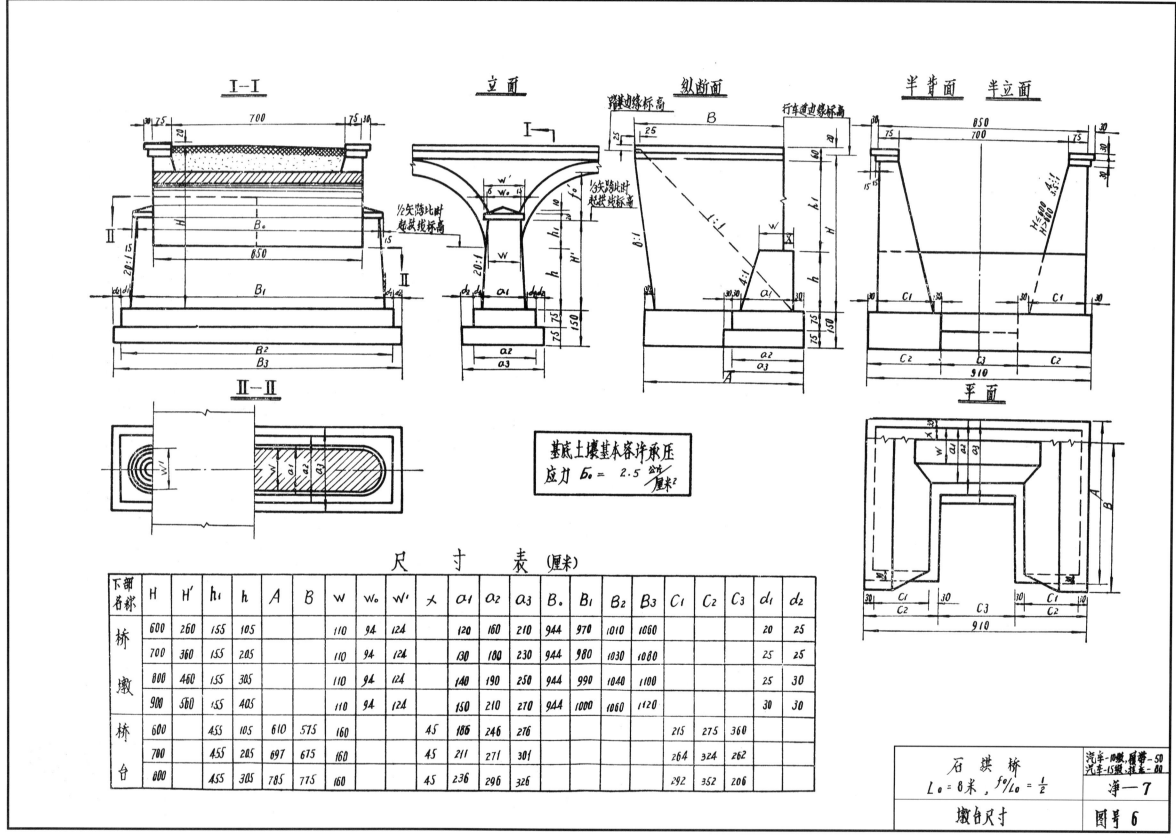

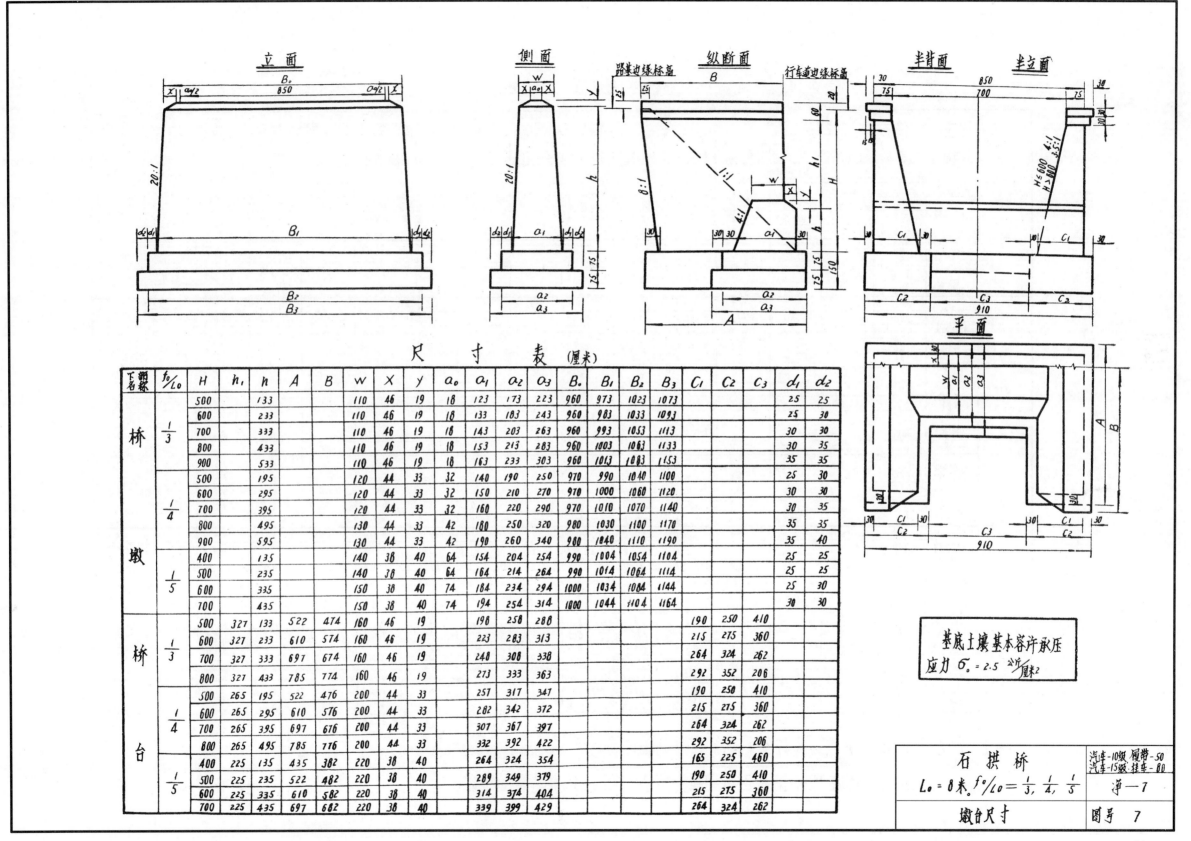

工程数量表

f_0/L_0	工种	工程类	圬工数量（米³）拱圈	拱上侧墙	帽石	墩台身	基础	小计	匀缝数量（米²）拱圈	拱上侧墙	帽石	墩台身	小计	护拱（米³）	防水层（米²）	填料（米³）	路面材料（米²）
1/2	拱圈		50.7	17.0	10.4			78.1	116.4	17.0	21.4		154.8	36.8		49.7	62.3
	桥墩(厘米)	600		1.5	0.2	12.9	28.8	43.4		1.4	0.5	29.0	30.9	8.9	80.5	2.3	1.4
		700		1.5	0.2	24.8	32.5	59.0		1.4	0.5	49.9	51.8	8.9	79.7	2.3	1.4
		800		1.5	0.2	37.8	35.5	75.0		1.4	0.5	71.2	73.1	8.9	79.7	2.3	1.4
		900		1.5	0.2	51.9	39.4	93.0		1.4	0.5	92.7	94.6	8.9	79.7	2.3	1.4
	桥台(厘米)	600			6.7	98.0	64.4	169.1			13.8	39.0	52.8	19.0	46.5	164.2	40.3
		700			7.9	160.8	79.1	247.8			16.2	60.2	76.4	18.2	46.0	208.1	47.3
		800			9.1	230.7	92.6	332.4			18.6	83.4	102.0	18.2	46.0	259.6	54.3
1/3	拱圈		46.0	13.7	10.4			70.1	97.7	14.6	21.4		133.7	21.0		58.4	62.4
	桥墩(厘米)	500		1.2	0.2	15.7	31.2	48.3		1.1	0.4	28.5	30.0	5.0	76.8	2.4	1.3
		600		1.2	0.2	27.8	34.1	63.3		1.1	0.4	49.5	51.0	5.0	76.8	2.4	1.3
		700		1.2	0.2	41.1	38.0	80.5		1.1	0.4	70.9	72.4	5.0	76.8	2.4	1.3
		800		1.2	0.2	55.5	41.1	98.0		1.1	0.4	92.5	94.0	5.0	76.8	2.4	1.3
		900		1.2	0.2	71.1	45.2	117.7		1.1	0.4	114.5	116.0	5.0	76.8	2.4	1.3
	桥台(厘米)	500			5.6	70.6	55.9	132.1			11.4	31.9	43.3	9.0	46.1	116.6	33.2
		600			6.7	114.7	66.4	187.8			13.8	51.1	64.9	9.0	46.1	162.5	40.3
		700			7.9	180.9	80.4	269.2			16.2	72.3	88.5	8.7	46.1	202.5	47.2
		800			9.1	252.7	96.4	358.2			18.6	95.5	114.1	8.7	46.1	252.0	54.2
1/4	拱圈		45.7	10.7	10.4			66.8	89.6	11.8	21.3		122.7	14.7		56.0	62.2
	桥墩(厘米)	500		1.5	0.4	26.4	35.5	63.8		1.5	0.8	42.5	44.8	4.4	75.5	3.7	2.2
		600		1.5	0.4	40.4	39.4	81.7		1.5	0.8	64.1	66.4	4.4	75.5	3.7	2.2
		700		1.5	0.4	55.5	41.7	99.1		1.5	0.8	85.9	88.2	4.4	75.5	3.7	2.2
		800		1.9	0.5	77.4	48.8	128.6		2.0	1.0	109.9	112.9	5.1	76.3	4.8	2.9
		900		1.9	0.5	95.9	51.8	150.1		2.0	1.0	132.7	135.7	5.1	76.3	4.8	2.9
	桥台(厘米)	500			5.6	85.1	59.6	150.3			11.4	38.9	50.3	5.3	49.2	109.0	33.3
		600			6.7	133.4	69.6	209.7			13.8	57.1	70.9	5.3	49.2	150.1	40.3
		700			7.9	199.7	82.7	290.3			16.2	78.3	94.5	5.2	49.2	190.5	47.3
		800			9.1	273.0	95.4	377.5			18.6	101.5	120.1	5.2	49.2	238.5	54.2
1/5	拱圈		43.0	8.6	10.5			62.1	80.5	9.7	21.0		111.2	11.2		51.9	61.3
	桥墩(厘米)	400		2.2	0.8	23.1	37.1	63.2		2.2	1.5	29	31.9	5.1	67.2	6.4	4.5
		500		2.2	0.8	38.5	39.1	80.6		2.2	1.5	51	53.9	5.1	67.2	6.4	4.5
		600		2.5	0.9	59.2	44.1	106.7		2.6	1.8	74.5	78.0	5.6	68.0	7.4	5.2
		700		2.5	0.9	78.4	48.4	130.2		2.6	1.8	98.0	101.5	5.6	68.0	7.4	5.2
	桥台(厘米)	400			4.5	58.3	52.8	115.6			9.0	25.2	34.2	3.7	50.1	66.3	26.8
		500			5.6	98.1	61.6	165.3			11.4	42.2	53.6	3.7	50.1	100.5	33.7
		600			6.8	146.1	71.4	224.3			13.8	60.9	74.7	3.7	50.1	142.5	40.7
		700			7.9	211.3	82.3	301.5			16.2	82.0	98.2	3.6	50.1	183.5	47.7

附注 1. 拱上侧墙及护拱砌筑种类的选择应与拱圈砌筑种类相适应。

2. 墩台基础必须在排水比较困难的情况下，才容许采用混凝土砌筑。

石拱桥 $L_0=8$米，$f_0/L_0=\frac{1}{2}, \frac{1}{3}, \frac{1}{4}, \frac{1}{5}$

汽车-10级挂带-50
汽车-15级挂车-80

净-7
工程数量表
图号 8

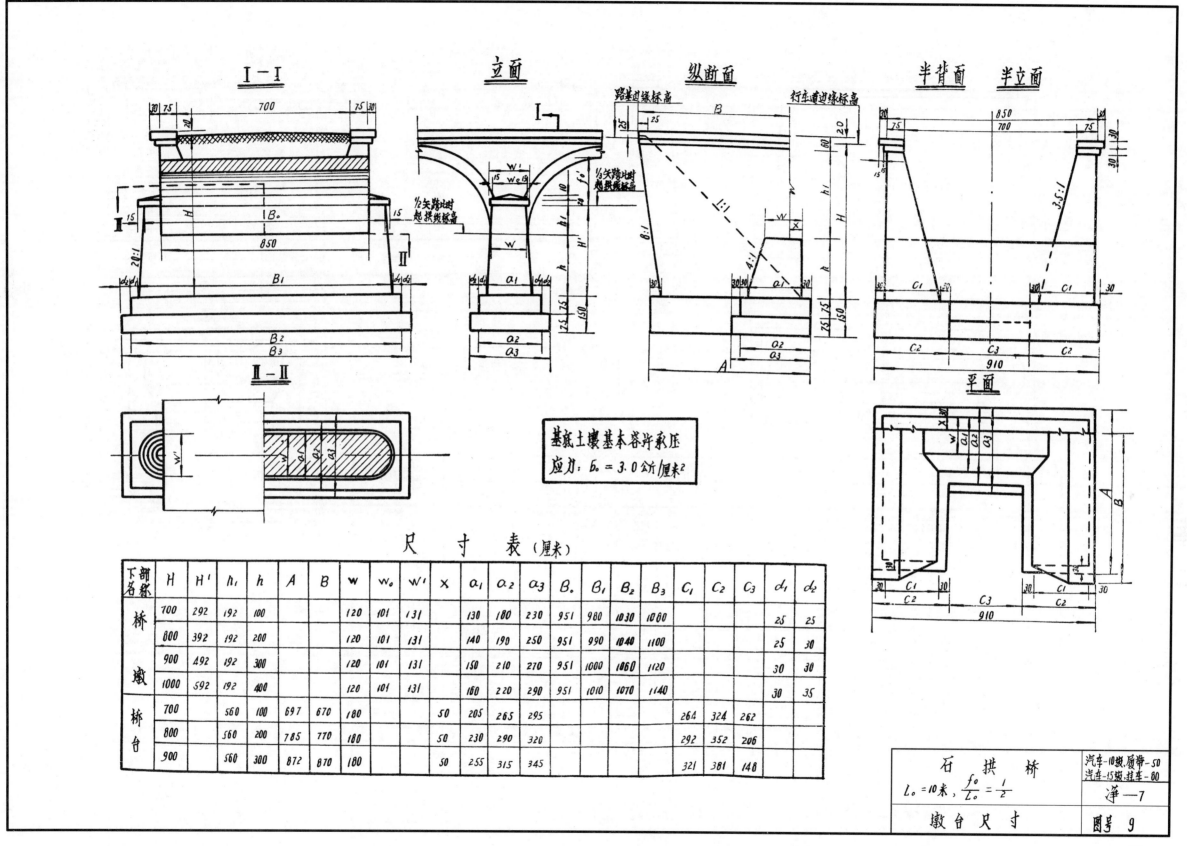

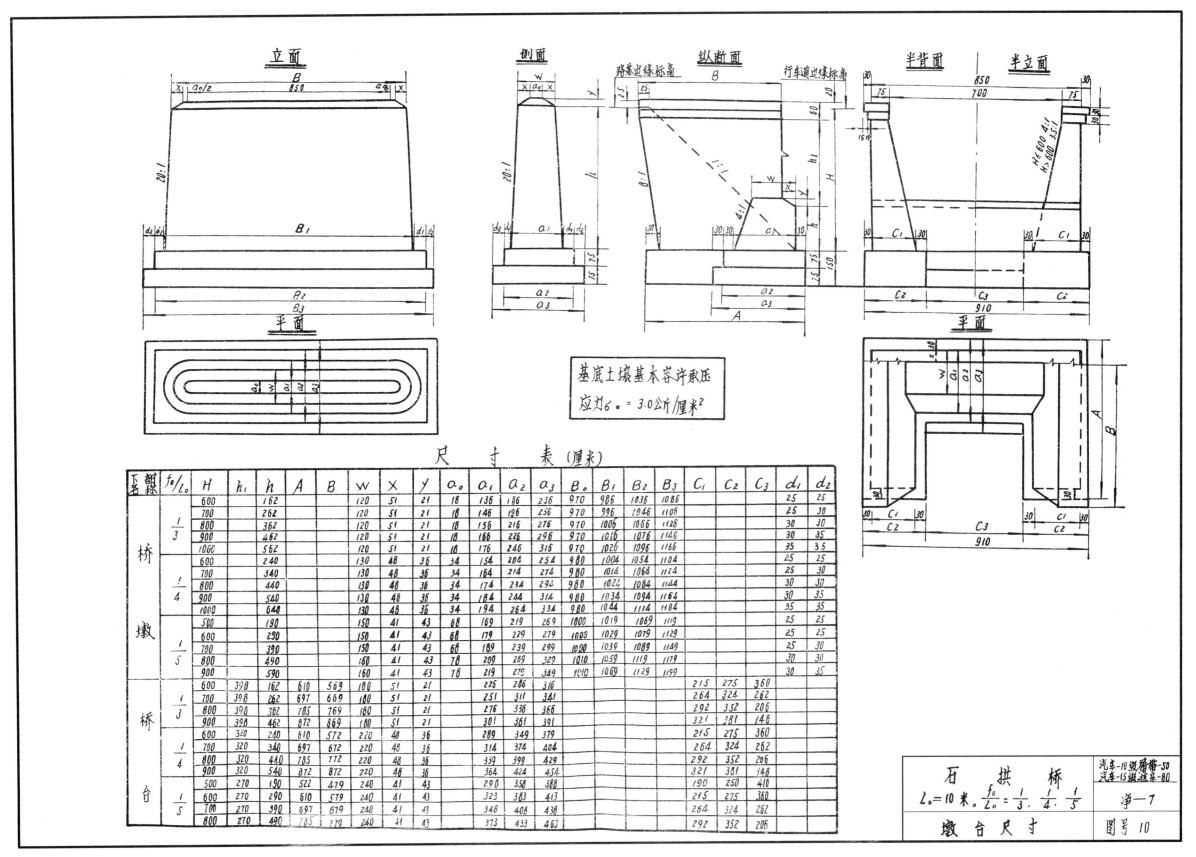

工程数量表

f_0/L_0	工程种类		圬工数量 (米³)						勾缝数量 (米²)					护拱 (米³)	防水层 (米²)	填料 (米³)	路面材料 (米²)
			拱圈	拱上侧墙	帽石	墩台身	基础	小计	拱圈	拱上侧墙	帽石	墩台身	小计				
1/2	拱圈		70.0	27.4	12.9			110.3	146.9	26.0	26.4		199.3	53.6		67.8	77.0
	桥墩 H (厘米)	700		2.2	0.2	14.0	32.5	48.9		1.3	0.5	30.5	32.3	12.0	96.5	3.3	1.4
		800		2.2	0.2	27.0	35.5	64.9		1.3	0.5	51.8	53.6	12.0	96.5	3.3	1.4
		900		2.2	0.2	41.0	39.4	82.8		1.3	0.5	73.3	75.1	12.0	96.5	3.3	1.4
		1000		2.2	0.2	56.2	42.4	101.0		1.3	0.5	95.2	97.0	12.0	96.5	3.3	1.4
	桥台 H (厘米)	700			7.8	150.1	78.8	236.7			16.1	49.8	65.9	22.1	54.2	208.4	46.9
		800			9.0	219.6	92.3	320.9			18.5	73.0	91.5	22.1	54.2	260.3	53.9
		900			10.2	305.7	107.0	422.9			20.9	98.2	119.1	22.1	54.2	311.9	60.9
1/3	拱圈		62.8	21.9	12.9			97.6	123.5	22.2	26.4		172.1	30.9		80.4	77.1
	桥墩 H (厘米)	600		1.6	0.2	21.1	33.7	56.6		1.4	0.4	35.3	37.1	6.8	92.4	2.7	1.3
		700		1.6	0.2	34.6	36.6	73.0		1.4	0.4	56.7	58.5	6.8	92.4	2.7	1.3
		800		1.6	0.2	49.3	40.6	91.7		1.4	0.4	78.4	80.2	6.8	92.4	2.7	1.3
		900		1.6	0.2	65.1	43.7	110.6		1.4	0.4	100.5	102.3	6.8	92.4	2.7	1.3
		1000		1.6	0.2	82.0	47.9	131.7		1.4	0.4	122.9	124.7	6.8	92.4	2.7	1.3
	桥台 (厘米)	600			6.7	107.2	66.6	180.5			13.6	44.0	57.6	11.0	54.5	163.4	39.8
		700			7.8	173.6	80.5	261.9			16.0	65.2	81.2	11.0	54.5	203.4	46.8
		800			9.0	244.5	93.6	347.1			18.4	88.4	106.8	10.6	54.5	253.8	53.8
		900			10.2	331.1	108.0	449.3			20.8	113.6	134.4	10.6	54.5	305.0	60.8
1/4	拱圈		62.0	17.0	12.8			91.8	113.1	18.0	26.4		157.5	21.9		76.1	76.7
	桥墩 H (厘米)	600		2.0	0.4	35.6	37.2	75.2		1.9	0.8	53.1	55.8	6.1	92.4	4.5	2.4
		700		2.0	0.4	51.0	40.2	93.6		1.9	0.8	75.1	77.8	6.1	92.4	4.5	2.4
		800		2.0	0.4	67.7	44.3	114.4		1.9	0.8	97.4	100.1	6.1	92.4	4.5	2.4
		900		2.0	0.4	85.6	47.4	135.4		1.9	0.8	120.1	122.8	6.1	92.4	4.5	2.4
		1000		2.0	0.4	104.6	51.7	158.7		1.9	0.8	143.0	145.7	6.1	92.4	4.5	2.4
	桥台 (厘米)	600			6.7	125.7	70.0	202.4			13.8	51.7	65.5	6.1	57.9	154.3	40.0
		700			7.9	193.7	83.0	284.6			16.2	72.9	89.1	6.0	57.9	192.4	47.0
		800			9.0	267.0	95.6	371.6			18.6	96.1	114.7	6.0	57.9	240.4	54.0
		900			10.2	355.3	109.3	474.8			21.0	121.3	142.3	6.0	57.9	289.9	61.0
1/5	拱圈		58.3	13.6	13.0			84.9	103.0	14.8	26.0		143.8	16.9		70.1	75.6
	桥墩 H (厘米)	500		3.0	0.8	34.1	40.2	78.1		2.9	1.6	42.0	46.5	6.9	82.5	7.8	4.8
		600		3.0	0.8	50.6	42.1	96.5		2.9	1.6	64.0	68.5	6.9	82.5	7.8	4.8
		700		3.0	0.8	69.6	45.4	118.8		2.9	1.6	87.0	91.5	6.9	82.5	7.8	4.8
		800		3.5	0.9	95.3	51.7	151.4		3.4	1.9	112.0	117.3	7.5	83.0	9.0	5.5
		900		3.5	0.9	117.0	55.1	176.5		3.4	1.9	135.0	140.3	7.5	83.0	9.0	5.5
	桥台 (厘米)	500			5.6	93.4	62.1	161.1			11.4	38.1	49.5	4.7	59.3	102.1	33.5
		600			6.8	141.8	71.9	220.5			13.8	57.0	70.8	4.7	59.3	143.6	40.5
		700			7.9	207.5	82.6	298.0			16.2	78.0	94.2	4.6	59.3	184.1	47.5
		800			9.1	281.4	96.7	387.2			18.6	100.8	119.4	4.6	59.3	231.4	54.5

附注 1. 拱上侧墙反护拱砌筑种类的选择应与拱圈砌筑种类相适应。

2. 墩台基础必须在排水比较困难的情况下，才容许采用混凝土浇筑。

石拱桥
汽车-10级挂带-50
汽车-15级挂车-80
$L_0=10米，f_0/L_0=\frac{1}{2},\frac{1}{3},\frac{1}{4},\frac{1}{5}$
单-7
工程数量表
图号 11

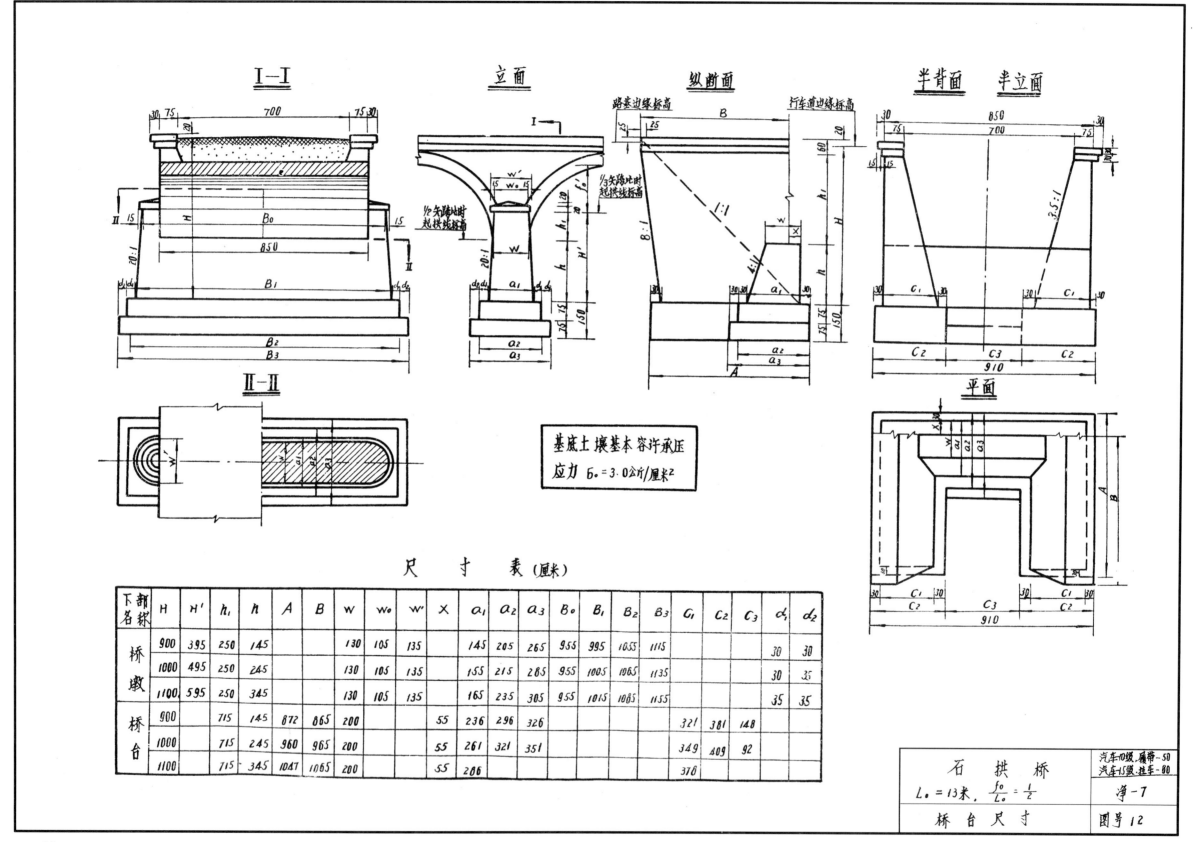

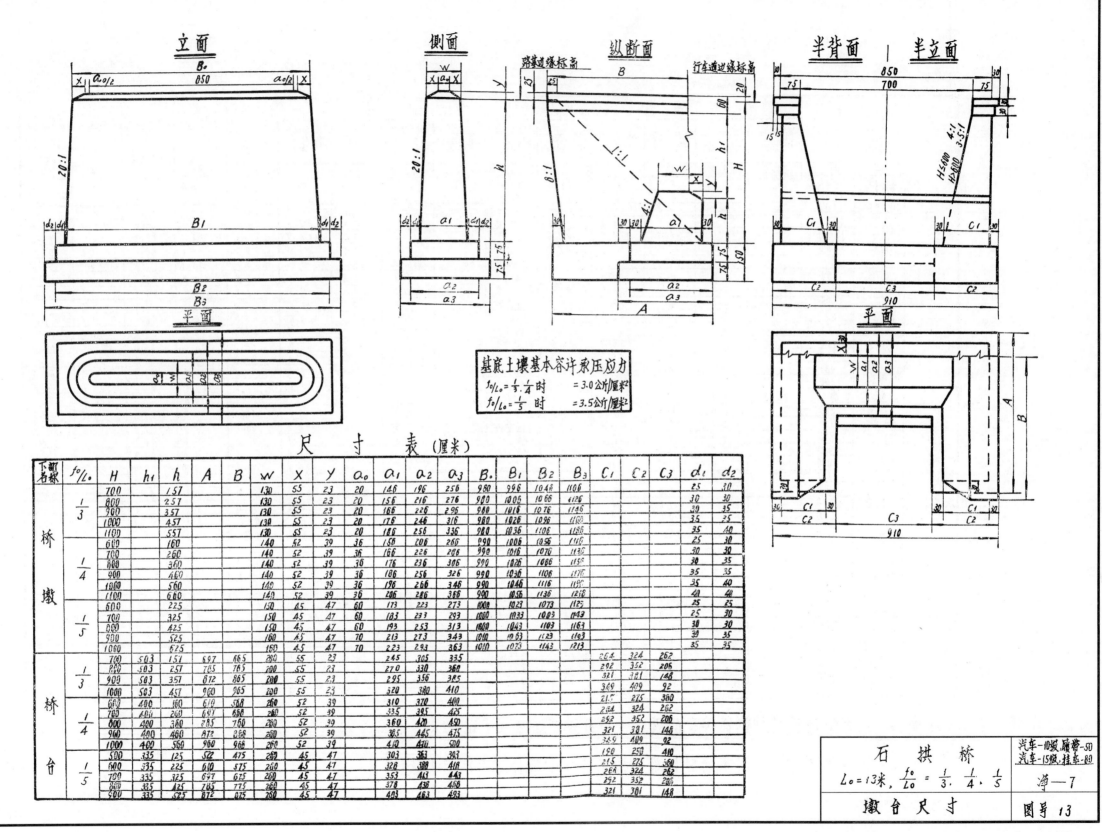

工 程 数 量 表

$\frac{f_0}{L_0}$	工程种类		圬工数量（米³）						勾缝数量（米²）					护拱（米³）	防水层（米²）	填料（米³）	路面材料（米²）
			拱圈	拱上侧墙	帽石	墩台身	基础	小计	拱圈	拱圈侧墙	帽石	墩台身	小计				
1/2	拱圈		99.5	48.8	15.3			163.6	192.7	42.7	33.4		268.8	82.0		99.9	98.6
	桥墩（厘米）	900		3.2	0.2	22.0	39.4	64.8		2.4	0.5	30.9	33.8	12.0	112.7	4.1	1.4
		1000		3.2	0.2	36.5	42.5	82.4		2.4	0.5	52.6	55.5	12.0	112.7	4.1	1.4
		1100		3.2	0.2	52.1	46.6	102.1		2.4	0.5	74.7	77.6	12.0	112.7	4.1	1.4
	桥台（厘米）	900			10.1	285.0	106.9	402.0			20.8	87.5	108.3	27.1	62.2	317.8	53.6
		1000			11.3	384.0	122.6	517.9			23.2	114.7	137.9	27.1	62.2	372.7	60.6
		1100			12.5	496.8	142.9	652.2			25.5	140.4	165.9	27.1	62.2	429.6	67.6
1/3	拱圈		88.2	38.2	15.3			141.7	162.3	36.4	33.4		232.1	48.3		117.3	98.6
	桥墩（厘米）	700		2.5	0.2	22.4	37.2	62.3		1.9	0.5	33.5	35.9	10.1	108.4	3.7	1.4
		800		2.5	0.2	32.0	41.2	75.9		1.9	0.5	55.3	57.7	10.1	108.4	3.7	1.4
		900		2.5	0.2	52.9	44.3	99.9		1.9	0.5	77.4	79.8	10.1	108.4	3.7	1.4
		1000		2.5	0.2	69.6	48.5	120.8		1.9	0.5	99.6	102.0	10.1	108.4	3.7	1.4
		1100		2.5	0.2	89.0	51.8	143.5		1.9	0.5	122.4	124.8	10.1	108.4	3.7	1.4
	桥台（厘米）	700			7.6	158.8	80.6	247.2			16.0	58.0	74.0	13.4	63.0	209.1	46.5
		800			9.0	229.5	93.8	332.3			18.4	81.2	99.6	13.4	63.0	259.7	53.5
		900			10.1	314.9	108.0	433.0			20.8	106.4	127.2	13.4	63.0	312.2	60.5
		1000			11.3	415.2	123.4	549.9			23.2	133.6	156.8	13.4	63.0	365.7	67.5
1/4	拱圈		86.6	29.6	15.3			131.5	148.7	29.6	33.4		211.7	34.6		110.9	97.2
	桥墩（厘米）	600		3.0	0.4	26.1	39.2	68.7		2.5	1.0	34.7	38.2	8.8	107.9	5.7	2.5
		700		3.0	0.4	41.8	43.2	88.4		2.5	1.0	56.7	60.2	8.8	107.9	5.7	2.5
		800		3.0	0.4	58.6	46.4	108.4		2.5	1.0	79.1	82.6	8.8	107.9	5.7	2.5
		900		3.0	0.4	76.8	50.6	130.8		2.5	1.0	101.8	105.3	8.8	107.9	5.7	2.5
		1000		3.0	0.4	95.1	54.0	152.5		2.5	1.0	124.9	128.4	8.8	107.9	5.7	2.5
		1100		3.0	0.4	116.6	58.4	178.4		2.5	1.0	148.2	151.7	8.8	107.9	5.7	2.5
	桥台（厘米）	600			6.7	118.8	71.5	197.0			13.6	46.2	59.8	8.1	67.7	154.4	39.0
		700			7.8	184.7	84.0	276.5			16.0	67.4	83.4	8.1	67.7	194.7	46.8
		800			9.0	258.3	96.5	363.8			18.4	90.6	109.0	8.1	67.7	242.5	53.8
		900			10.2	345.9	110.0	466.1			20.8	115.8	136.6	8.1	67.7	292.7	60.8
		1000			11.3	447.6	124.8	583.7			23.2	143.0	166.2	8.1	67.7	344.4	67.8
1/5	拱圈		81.5	23.7	16.7			121.9	135.0	24.4	33.4		192.8	27.1		101.4	97.5
	桥墩（厘米）	600		3.7	0.7	40.1	40.7	85.2		3.4	1.5	49.7	54.6	8.9	105.0	8.1	4.2
		700		3.7	0.7	57.8	43.8	106.0		3.4	1.5	72.3	77.2	8.9	105.0	8.1	4.2
		800		3.7	0.7	76.4	47.9	128.7		3.4	1.5	95.1	100.0	8.9	105.0	8.1	4.2
		900		4.3	0.8	102.7	53.3	161.1		3.4	1.5	120.0	125.7	9.6	106.0	9.6	4.9
		1000		4.3	0.8	119.5	57.8	182.4		3.9	1.8	143.9	149.6	9.6	106.0	9.6	4.9
	桥台（厘米）	500			5.6	84.7	62.4	152.7			11.4	32.4	43.0	6.3	72.4	105.7	33.2
		600			6.8	133.3	72.2	212.3			13.8	51.3	65.1	6.3	72.4	147.2	40.2
		700			7.9	199.6	82.8	290.3			16.2	72.1	88.3	6.1	72.4	187.0	47.2
		800			9.1	273.6	96.6	379.6			18.6	95.0	113.6	6.1	72.4	234.2	54.2
		900			10.2	362.0	110.2	482.4			20.8	119.8	140.6	6.1	72.4	283.7	61.2

附注 1. 拱上侧墙反护拱砌筑种类的选择，应与拱圈砌筑种类相适应。

2. 墩台基础，只在排水比较困难的情况下，才容许采用片石混凝土浇筑。

石拱桥

$L_0 = 13$米, $\frac{f_0}{L_0} = \frac{1}{2}, \frac{1}{3}, \frac{1}{4}, \frac{1}{5}$

汽车-10级 履带-50
汽车-15级 挂车-80

净—7

工程数量表

图号 14

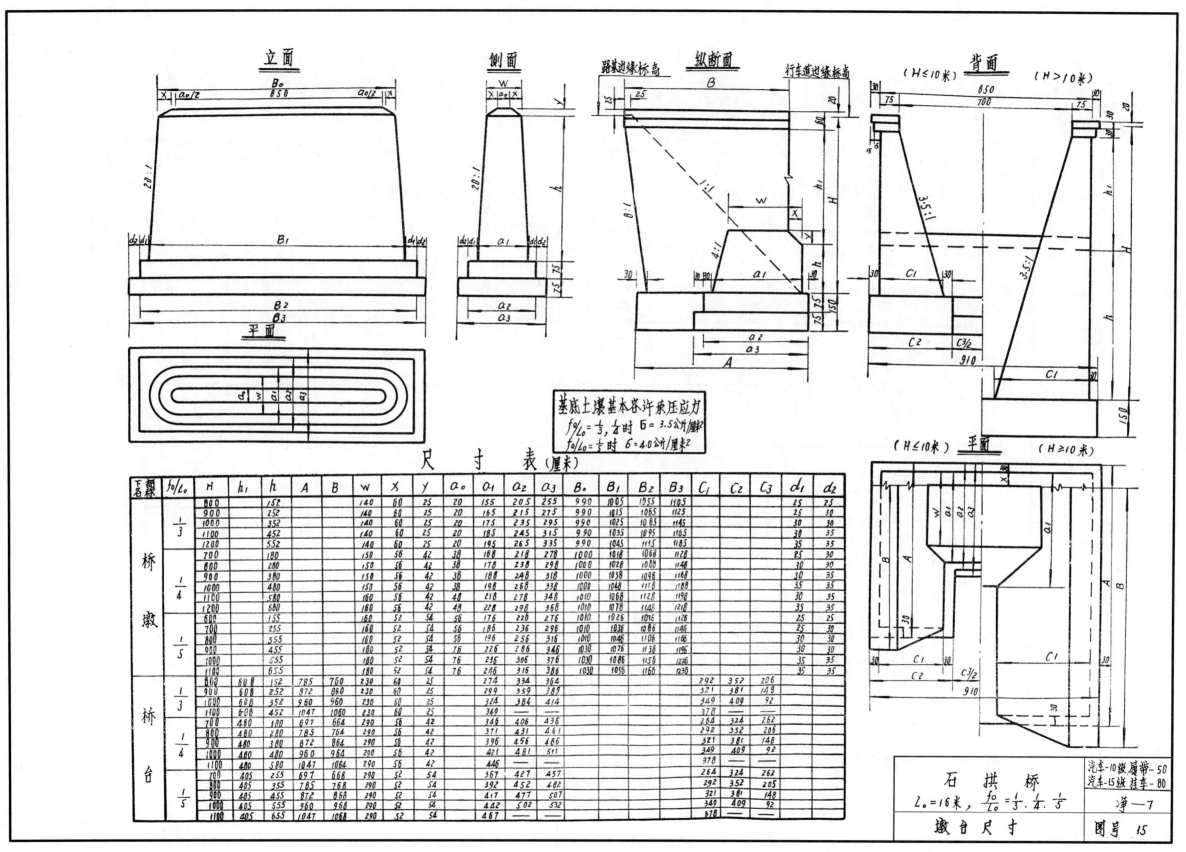

工 程 数 量 表

f_0/L_0	工程种类		圬工数量 (米³)						勾缝数量 (米²)					护拱 (米³)	防水层 (米²)	填料 (米³)	路面材料 (米²)
			拱圈	拱上侧墙	帽石	墩台身	基础	小计	拱圈	拱上侧墙	帽石	墩台身	小计				
1/3	拱圈		117.3	60.5	19.0			196.8	202.0	54.1	40.8		296.9	68.1		161.5	120.3
	桥墩 (厘米)	800		3.4	0.2	23.6	38.1	65.3		2.3	0.5	32.9	35.7	13.4	141.2	4.2	1.4
		900		3.4	0.2	39.2	41.2	84.0		2.3	0.5	54.9	57.7	13.4	141.2	4.2	1.4
		1000		3.4	0.2	56.0	45.2	104.8		2.3	0.5	77.3	80.1	13.4	141.2	4.2	1.4
		1100		3.4	0.2	74.0	48.5	126.1		2.3	0.5	100.4	103.2	13.4	141.2	4.2	1.4
		1200		3.4	0.2	93.0	52.8	149.4		2.3	0.5	122.9	125.7	13.4	141.2	4.2	1.4
	桥台 (厘米)	800			8.9	218.0	94.1	321.0			18.2	70.5	88.7	15.8	79.9	261.3	53.2
		900			10.1	303.4	108.1	421.6			20.6	95.7	116.3	15.8	79.9	313.7	60.2
		1000			11.2	403.9	123.3	538.4			23.0	122.9	145.9	15.8	79.9	367.0	67.2
		1100			12.4	521.7	143.0	677.1			25.4	152.1	177.5	15.8	79.9	419.0	74.3
1/4	拱圈		114.2	46.3	18.9			179.4	184.8	44.0	40.8		269.6	49.5		151.4	120.0
	桥墩 (厘米)	700		4.2	0.4	31.7	41.6	77.9		3.3	0.9	39.6	43.8	11.9	140.5	6.8	2.7
		800		4.2	0.4	48.8	54.7	108.1		3.3	0.9	62.1	66.3	11.9	140.5	6.8	2.7
		900		4.2	0.4	67.0	49.0	120.6		3.3	0.9	84.8	89.0	11.9	140.5	6.8	2.7
		1000		4.2	0.4	86.2	53.3	144.1		3.3	0.9	107.9	112.1	11.9	140.5	6.8	2.7
		1100		5.3	0.6	114.0	55.5	175.4		4.1	1.2	133.1	138.4	13.0	141.1	8.7	3.4
		1200		5.3	0.6	137.0	60.0	202.9		4.1	1.2	156.4	161.6	13.0	141.1	8.7	3.4
	桥台 (厘米)	700			7.8	174.6	84.5	266.9			16.0	59.4	75.4	9.7	85.5	198.0	46.5
		800			8.9	248.6	96.8	354.3			18.4	82.6	101.0	9.7	85.5	245.3	53.5
		900			10.1	336.5	110.3	456.9			20.8	107.8	128.6	9.7	85.5	295.2	60.5
		1000			11.3	438.9	124.8	575.0			23.2	135.0	158.2	9.7	85.5	346.7	67.5
		1100			12.5	558.2	143.0	713.7			25.8	164.2	189.8	9.7	85.5	397.2	74.5
1/5	拱圈		116.0	37.4	20.4			173.8	170.0	36.6	40.8		247.4	39.4		148.4	119.0
	桥墩 (厘米)	600		4.5	0.7	24.5	41.4	71.1		3.8	1.4	34.8	40.0	11.2	135.0	8.8	3.9
		700		4.5	0.7	42.1	44.4	91.7		3.8	1.4	57.0	62.2	11.2	135.0	8.8	3.9
		800		4.5	0.7	61.0	46.1	112.3		3.8	1.4	80.0	85.2	11.2	135.0	8.8	3.9
		900		6.1	0.9	91.8	55.2	154.0		5.2	1.8	106.0	113.0	13.0	136.9	11.9	5.3
		1000		6.1	0.9	115.4	60.9	183.3		5.2	1.8	130.0	137.0	13.0	136.9	11.9	5.3
		1100		6.1	0.9	140.1	63.3	210.4		5.2	1.8	155.0	162.0	13.0	136.9	11.9	5.3
	桥台 (厘米)	700			7.8	192.2	83.4	283.4			16.0	65.6	81.6	7.5	91.4	187.9	46.7
		800			9.0	266.9	97.2	373.1			18.4	88.6	107.0	7.5	91.4	234.6	53.7
		900			10.2	355.5	110.5	476.2			20.8	113.2	134.0	7.5	91.4	283.7	60.7
		1000			11.3	458.5	124.7	594.5			23.0	140.2	163.4	7.5	91.4	334.6	67.7
		1100			12.5	579.0	142.9	734.4			25.6	168.6	194.2	7.5	91.4	383.9	74.7

附注 1. 拱上侧墙及护拱砌筑种类的选择，应与拱圈砌筑种类相适应。

2. 墩台基础必须在排水比较困难的情况下，才容许采用混凝土浇筑。

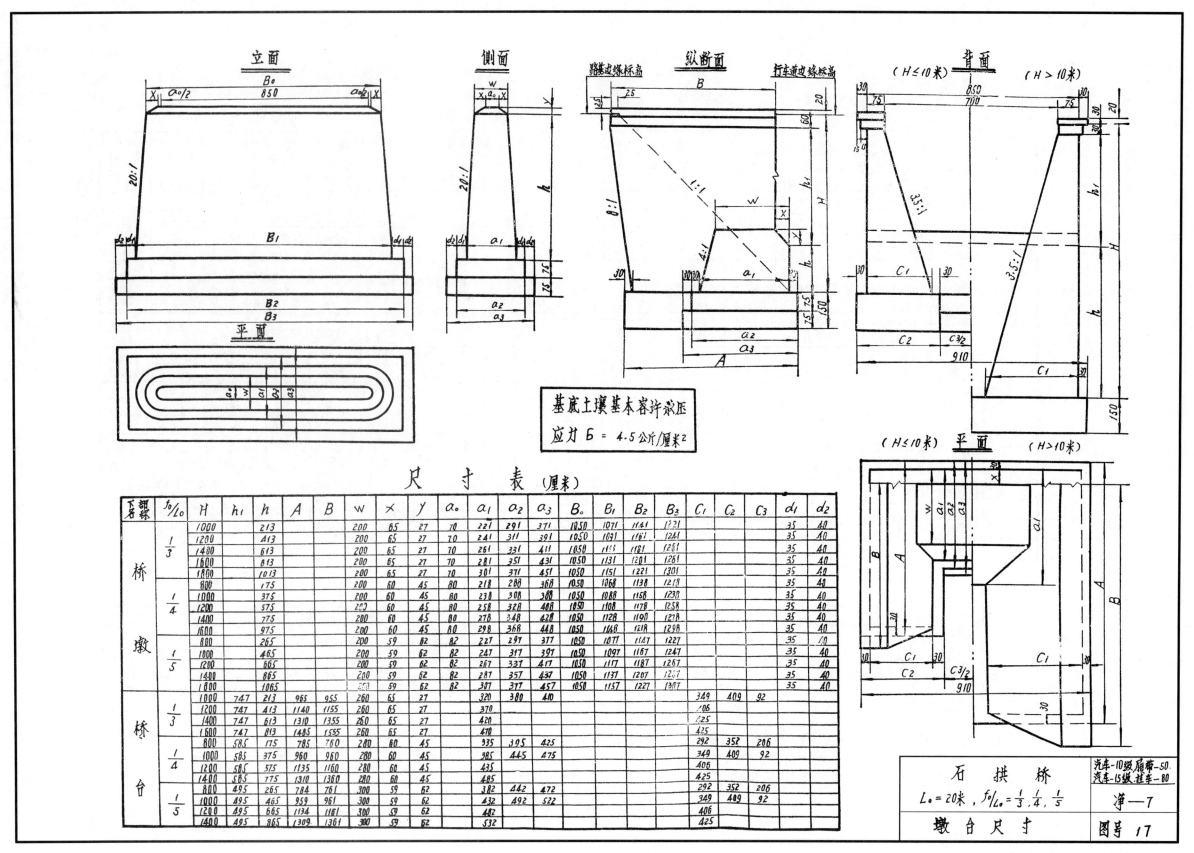

工程数量表

$\frac{f_0}{L_0}$	工种	工程类	圬工数量（米³）						勾缝数量（米²）					护拱（米³）	防水层（米²）	填料（米³）	路面材料（表2）
			拱圈	拱上侧墙	帽石	墩台身	基础	小计	拱圈	拱上侧墙	帽石	墩台身	小计				
1/3	拱圈		156.8	105.6	24.9			287.3	261.0	83.0	25.6		369.6	93.4		228.6	149.1
	桥墩（厘米）	1000		17.9	0.8	56.4	58.8	133.9		10.1	0.8	50.4	61.3	41.0	192.0	14.0	4.9
		1200		17.9	0.8	104.3	63.6	185.6		10.1	0.8	99.0	109.9	41.0	192.0	14.0	4.9
		1400		17.9	0.8	149.9	68.1	236.7		10.1	0.8	149.0	159.9	41.0	192.0	14.0	4.9
		1600		17.9	0.8	207.9	73.1	299.7		10.1	0.8	199.8	210.7	41.0	192.0	14.0	4.9
		1800		17.9	0.8	271.4	77.9	368.0		10.1	0.8	252.0	262.9	41.0	192.0	14.0	4.9
	桥台（厘米）	1000			11.2	387.1	123.9	522.2			22.9	106.3	129.2	20.8	110.0	379.1	66.9
		1200			13.5	640.1	155.5	809.1			27.8	166.9	194.7	20.8	110.0	495.1	80.9
		1400			15.9	923.0	178.8	1117.7			32.5	229.9	262.4	20.8	110.0	640.4	94.8
		1600			18.2	1230.8	203.0	1452.0			37.4	304.9	342.3	20.8	110.0	848.5	109.0
1/4	拱圈		152.5	79.6	24.8			256.9	239.0	67.6	24.5		331.1	79.4		202.2	148.4
	桥墩（厘米）	800		13.1	0.9	57.0	58.1	129.1		8.6	1.0	41.3	50.9	34.5	181.0	14.0	5.6
		1000		13.1	0.9	104.0	62.7	180.7		8.6	1.0	89.6	99.2	34.5	181.0	14.0	5.6
		1200		13.1	0.9	142.2	67.6	223.8		8.6	1.0	139.5	149.1	34.5	181.0	14.0	5.6
		1400		13.1	0.9	199.2	72.3	285.5		8.6	1.0	190.0	199.6	34.5	181.0	14.0	5.6
		1600		13.1	0.9	261.7	77.2	352.9		8.6	1.0	242.0	251.6	34.5	181.0	14.0	5.6
	桥台（厘米）	800			8.9	232.7	95.5	337.1			18.3	70.2	88.5	19.2	111.1	251.8	53.2
		1000			11.2	421.5	124.2	556.9			23.1	104.6	127.7	19.2	111.1	366.2	67.2
		1200			13.6	672.0	155.0	840.6			27.8	181.3	209.1	19.2	111.1	487.8	81.2
		1400			15.9	959.7	178.8	1154.4			32.7	248.0	280.7	19.2	111.1	639.4	95.2
1/5	拱圈		164.0	64.4	24.7			253.1	231.0	56.6	25.4		313.0	69.6		180.6	148.3
	桥墩（厘米）	800		9.7	1.0	85.8	60.3	156.8		7.1	1.0	62.9	71.0	29.7	176.0	12.3	5.7
		1000		9.7	1.0	115.5	65.0	191.2		7.1	1.0	111.8	119.9	29.7	176.0	12.3	5.7
		1200		9.7	1.0	169.6	69.7	250.0		7.1	1.0	162.0	170.1	29.7	176.0	12.3	5.7
		1400		9.7	1.0	229.2	74.6	314.5		7.1	1.0	214.0	222.1	29.7	176.0	12.3	5.7
		1600		9.7	1.0	294.4	79.5	384.6		7.1	1.0	266.0	274.1	29.7	176.0	12.3	5.7
	桥台（厘米）	800			8.9	252.2	96.9	358.0			18.3	79.1	97.4	15.4	112.9	247.4	53.3
		1000			11.2	443.5	123.4	578.1			23.1	113.4	136.5	15.4	112.9	353.4	67.3
		1200			13.6	700.0	155.0	868.6			27.9	190.8	218.7	15.4	112.9	475.2	81.3
		1400			15.9	988.1	178.8	1182.8			32.7	258.3	291.0	15.4	112.9	626.0	95.3

附注 1. 拱上侧墙反护拱砌筑种类的选择，应与拱圈砌筑种类相适应。

2. 墩台基础必须在排水比较困难的情况下，才容许采用混凝土浇筑。

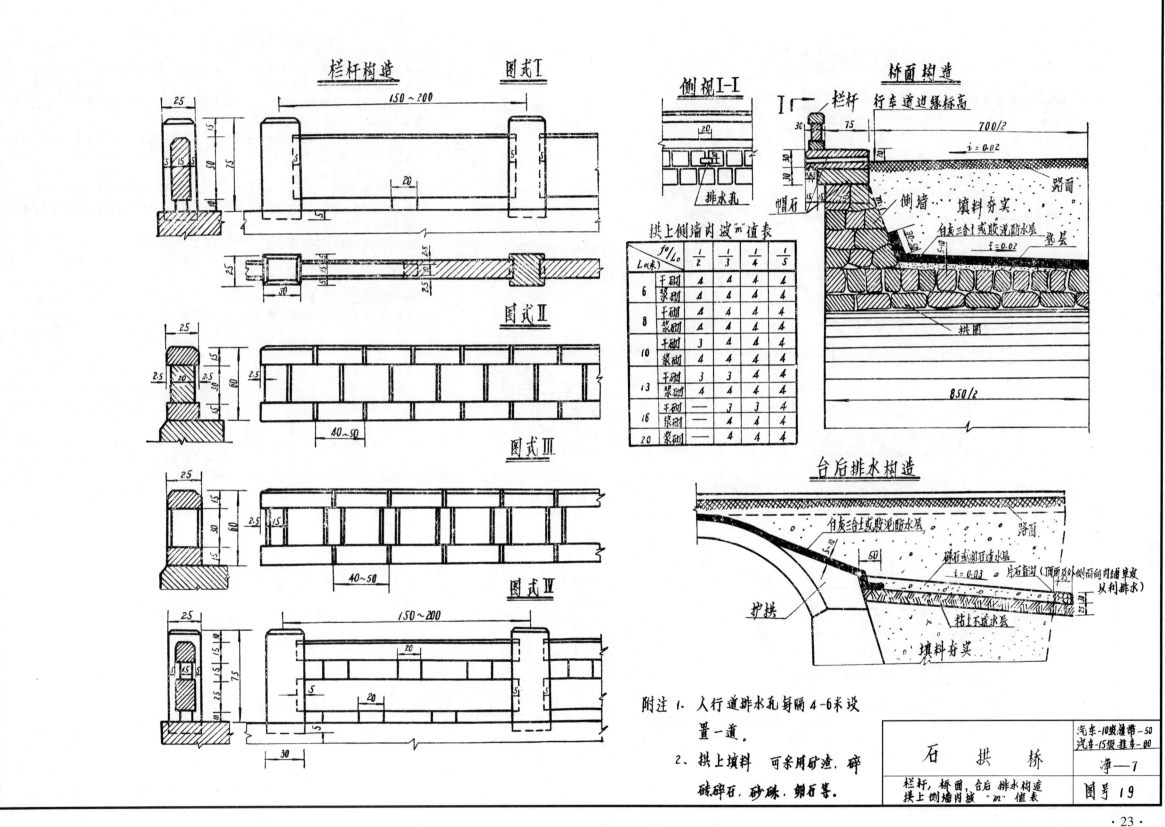

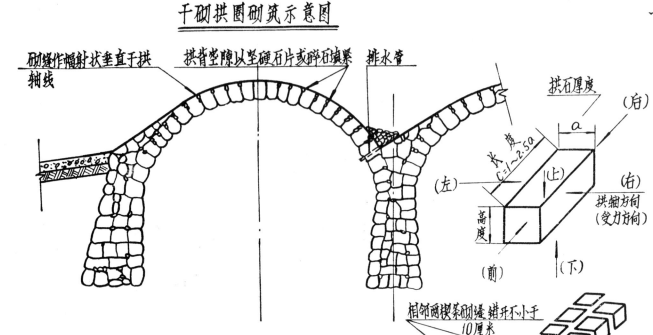

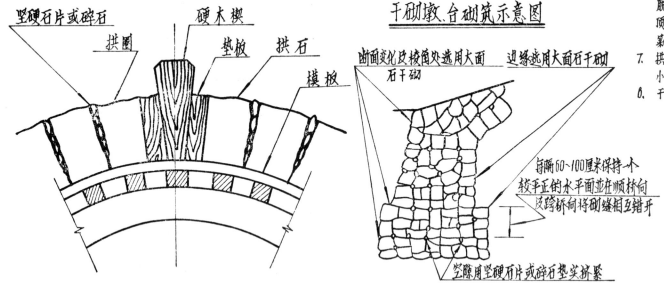

说明

一、干砌拱：

1. 拱石厚度以20～25厘米为宜，单层砌筑。粗料石可分层砌筑应错缝。

2. 用片、块石干砌时，拱石的"左、右、下"三个大致平整，"前、后"两面只须将尖角、凸出部分敲去，"上"面仍可保持石料原状。用粗料石干砌时拱石的"左、右、下"三个面进行粗凿，其他各面敲去其尖角、凸出部分。

3. 拱石一般不是扇形石，系按拱腹弧线放样作成，所以在砌筑时除在拱腹部份密合外，拱背必出现有大小不等之空缝。这些空缝应用坚硬石片或碎石填紧。石片要砸成各其形，使能适应于空缝大小及形状。

4. 砌筑拱圈自拱座水面开始。由于拱石宽度并不一致，逐块划线（线系横桥方向）较困难，可按每5块拱石（沿拱轴方向）作为一组划线，以调整不同的拱石宽度，或将拱腹分为若干段划线，以便砌置拱石。

5. 砌筑程序参考浆砌片、块石拱部份。（施工说明二·2·图号21）

6. 夹拱方法有二，兹介绍如下：

   a. 拱圈在合拢前于拱顶两侧各砌夹板石一条。夹板石选用稍具扁形的大面片、块石或粗料石。每块夹板石在路桥方向长约100厘米，高度较拱圈稍高出1～2厘米，厚度不小于30厘米。夹板石两面顶面底面宽度之差，以适合夹拱需要而定。夹板石两行钢对齐缝布设，以便与关门石踏设。龙口宽度以20～30厘米为宜，上口较下口大2～3厘米。夹拱程序是先用小号木楔在夹板石两端打入夹紧。再用中号木楔打入夹板石中间，使小号木楔松动拔出；再在小号木楔位置上打入大号木楔，使中号木楔松动拔出；随后用与空隙大致相符的关门石打入。在不密缝处以坚硬石片塞紧。夹紧程度要求将拱尖起为止，锤击重量应由轻而重。逐步均匀加力，为减少夯石下沉之阻力，可在木楔和夹板石之间垫少许片。

   b. 在拱顶龙口设置由两块硬木垫板及一块硬木楔组成的加力设备（如本图所示）。三块硬木厚度大致相等，其总厚应大于龙口净空。加力设备可分若干组，每组间的空档按关门石的长度而定。加力用16磅大锤打，打时要先轻后重，各组均匀齐击。加力至拱圈脱离拱架后，即在两组间的空档内嵌入关门石。关门石应按空档的净宽略大，嵌入时在顶上夯击使之紧密嵌入。第一批关门石嵌入后，即移出木楔及木垫板，在原位置上嵌入第二批关门石。

7. 拱顶合拢后，两头调整载重，即将尚余留的或已填塞的空缝再予挤紧填实，其方法是用小撬具插入空缝、撬动使石缝张开，石片挤入。

8. 干砌墩台必须使砌块互相挤紧，避免骨架受力后发生松动错移。

石拱桥	汽车-10级 履带-50 汽车-15级 挂车-80
干砌拱施工说明	净—7 图号 20

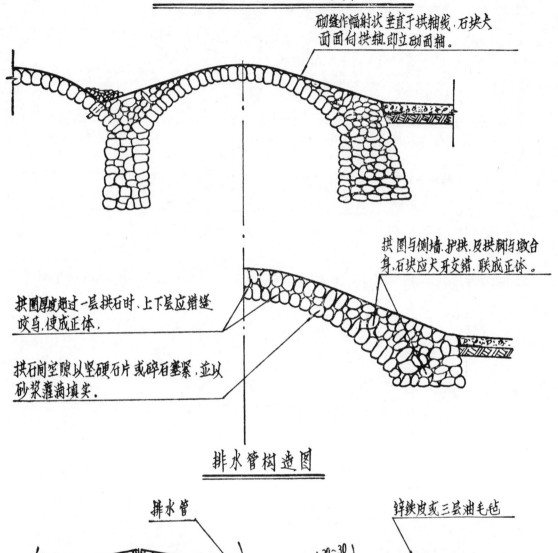

二．浆砌片块石拱：
1. 拱圈砌筑时应先在底层抹砂浆一层座浆，用小撬棍将石料安好位置，空隙间应以砂浆或小石子混凝土填满挤入。
2. 跨径16米以下的拱圈，当采用满布式拱架或土牛拱胎施工时，可以从拱脚至拱顶一次砌筑，在拱顶合拢；当采用拱式拱架时，对跨径10米以下拱圈，应在砌筑拱脚同时，预压拱顶，对跨径10米以上的拱圈，除预压拱顶外，尚须在两边分段（或与拱顶同时预压）么点，不再分段）。分段在1/4点，拱脚与拱顶间1/4点砌筑，对拱圈均加锚，使拱架式落均匀，保证拱架稳定。
3. 跨径16米及20米的拱圈采用分段砌筑，每段长度4～6米。采用满布式拱架时，分段接缝应在拱架节点上。砌筑时应保持对拱圈均加锚，对于拱式拱架，更应特别注意。
4. 分段砌筑应于留空缝（片石砌筑时作成梯形），以消除由于拱架变形而引起拱圈开裂，并起调节干压作用。空缝长度贯通拱圈全厚，厚度约3厘米，缝间垫以铁茶或坚硬的卵石，以保持在砌筑时钩空缝净宽，空缝数量视分段长度而定，一般在拱脚附近、1/4点及拱顶附关门石两侧不宜缺少。空缝在拱圈砌筑完成后，以水灰比较小（半干状态）的砂浆分层捣实（每层约10厘米）；跨径16米以下拱圈可自拱脚间向拱顶逐次捣实，跨径16米及20米者宜先拱脚拱顶再1/4点或最好同时捣实。

三．片石圬工砌体的砌筑工艺：
片石圬工砌体在砌筑时应按以下要求进行。
1. 错缝咬乌：将各种不同形状的石块经过适当的选配组合，彼此以最小空隙和间距用互行接搭砌成一整体，此种砌法称为咬乌。在咬乌同时，相邻石块间灰缝应互相交错，避免出现单纯的灰缝。
2. 立砌面轴：砌筑片石块最好竖置（如石块高度较大，相当于拱圈厚度或可以两层错缝搭接者，亦可横置），小头向上，称为立砌，拱石大面应尽量朝向横铺方向，称为面轴。
3. 填缺平（嵌？脚）：将大石块之间的空隙，选造大小的石块及砂浆或混凝土嵌填整密，称为填缺。在石料立砌时，拱顶应搭紧没有缺口，石块下端凸同可略加敲打平，并以合适的拱砖及砂浆填料缺口，这种对拱顶边槽边垫，以嵌为主的做法称为平脚。
4. 座浆搭实：先铺砂浆紧后砌放石料，称为座浆。在垂直灰缝处，先加灰浆至石块厚的1/3～1/2处，然后靠紧石块，并于其缝间灌浆（如灰缝过大可填以碎石）捣实。
5. 宁高切低：用片石砌拱圈，拱圈厚度不易掌握，因此砌筑时宁路高于拱背线，以保证拱圈有效断面。
6. 堵漏勤养：砌筑时要防止因模做不严合而漏浆，并注意养护，防止日晒雨淋而使砂浆干缩发裂或被雨水冲洗。

石拱桥	汽车-10级,履带-50 汽车-15级,挂车-80
净—7	
浆砌拱施工说明	图号 21

中华人民共和国交通部部标准

公路桥涵标准图

石 拱 桥

主编单位：交通部公路规划设计院

批准单位：交通部

编　　号：JT/GQB 018—73

跨　　径：6、8、10、13、16、20 米

荷　　载：汽车—20 级　　挂车—100

矢 跨 比：1/2、1/3、1/4、1/5

净　　空：净—7+2×0.75 米

拱抽线型：等截面圆弧线

人 民 交 通 出 版 社

1978年·北 京

目 录

名　　　称	适　用　范　围		图　号	名　　　称	适　用　范　围		图　号
说明				工程数量表	$L_0 = 10$ 米	$f_0/L_0 = \frac{1}{5}, \frac{1}{6}, \frac{1}{8}$	15
立体图				桥墩尺寸	$L_0 = 13$ 米	$f_0/L_0 = \frac{1}{5}, \frac{1}{6}, \frac{1}{8}$	16
一般构造			1	U型桥台尺寸	$L_0 = 13$ 米	$f_0/L_0 = \frac{1}{5}, \frac{1}{6}, \frac{1}{8}$	17
半圆拱尺寸表	$L_0 = 6, 8, 10, 13$ 米	$f_0/L_0 = \frac{1}{2}$	2	工程数量表	$L_0 = 13$ 米	$f_0/L_0 = \frac{1}{5}, \frac{1}{6}, \frac{1}{8}$	18
圆弧拱尺寸表	$L_0 = 6, 8, 10, 13, 16, 20$ 米	$f_0/L_0 = \frac{1}{5}, \frac{1}{6}, \frac{1}{8}$	3	桥墩尺寸	$L_0 = 16$ 米	$f_0/L_0 = \frac{1}{5}, \frac{1}{6}, \frac{1}{8}$	19
桥墩尺寸	$L_0 = 6, 8, 10, 13$ 米	$f_0/L_0 = \frac{1}{2}$	4	U型桥台尺寸	$L_0 = 16$ 米	$f_0/L_0 = \frac{1}{5}, \frac{1}{6}, \frac{1}{8}$	20
U型桥台尺寸	$L_0 = 6, 8, 10, 13$ 米	$f_0/L_0 = \frac{1}{2}$	5	工程数量表	$L_0 = 16$ 米	$f_0/L_0 = \frac{1}{5}, \frac{1}{6}, \frac{1}{8}$	21
工程数量表	$L_0 = 6, 8, 10, 13$ 米	$f_0/L_0 = \frac{1}{2}$	6	桥墩尺寸	$L_0 = 20$ 米	$f_0/L_0 = \frac{1}{5}, \frac{1}{6}, \frac{1}{8}$	22
桥墩尺寸	$L_0 = 6$ 米	$f_0/L_0 = \frac{1}{5}, \frac{1}{6}, \frac{1}{8}$	7	U型桥台尺寸	$L_0 = 20$ 米	$f_0/L_0 = \frac{1}{5}, \frac{1}{6}, \frac{1}{8}$	23
U型桥台尺寸	$L_0 = 6$ 米	$f_0/L_0 = \frac{1}{5}, \frac{1}{6}, \frac{1}{8}$	8	工程数量表	$L_0 = 20$ 米	$f_0/L_0 = \frac{1}{5}, \frac{1}{6}, \frac{1}{8}$	24
工程数量表	$L_0 = 6$ 米	$f_0/L_0 = \frac{1}{5}, \frac{1}{6}, \frac{1}{8}$	9	独立前墙桥台尺寸	$L_0 = 6, 8, 10, 13$ 米, $f_0/L_0 = \frac{1}{2}$ $L_0 = 6, 8$ 米 $f_0/L_0 = \frac{1}{5}, \frac{1}{6}, \frac{1}{8}$		25
桥墩尺寸	$L_0 = 8$ 米	$f_0/L_0 = \frac{1}{5}, \frac{1}{6}, \frac{1}{8}$	10	独立前墙桥台尺寸	$L_0 = 10, 13, 16, 20$ 米 $f_0/L_0 = \frac{1}{5}, \frac{1}{6}, \frac{1}{8}$		26
U型桥台尺寸	$L_0 = 8$ 米	$f_0/L_0 = \frac{1}{5}, \frac{1}{6}, \frac{1}{8}$	11	桥面、栏杆等构造			27
工程数量表	$L_0 = 8$ 米	$f_0/L_0 = \frac{1}{5}, \frac{1}{6}, \frac{1}{8}$	12	干砌拱施工说明			28
桥墩尺寸	$L_0 = 10$ 米	$f_0/L_0 = \frac{1}{5}, \frac{1}{6}, \frac{1}{8}$	13	浆砌拱施工说明			29
U型桥台尺寸	$L_0 = 10$ 米	$f_0/L_0 = \frac{1}{5}, \frac{1}{6}, \frac{1}{8}$	14				

说　　明

一、技术标准与设计规范

本图编制主要依据：

（一）中华人民共和国交通部部标准《公路工程技术标准》（试行）

（二）中华人民共和国交通部部标准《公路桥涵设计规范》（试行）

二、技术指标

表一

人行道边缘间的宽度 J（米）	7
人行道的宽度 R（米）	0.75
车辆荷载	汽车—20级；挂车—100

表二

上部构造		下部构造	
跨径	矢跨比	桥墩高度H（米）	桥台高度H（米）
6	$\frac{1}{2}$	6，7，8，9	5，6，7，8
6	$\frac{1}{3}$	5，6，7，8	4，5，6，7
6	$\frac{1}{4}$	4，5，6，7	4，5，6
6	$\frac{1}{5}$	4，5	4，5，6
8	$\frac{1}{2}$	7，8，9，10	6，7，8，9
8	$\frac{1}{3}$	6，7，8，9	5，6，7，8
8	$\frac{1}{4}$	5，6，7，8	4，5，6，7
8	$\frac{1}{5}$	4，5，6	4，5，6
10	$\frac{1}{2}$	8，9，10，12	7，8，9，10
10	$\frac{1}{3}$	7，8，9，10	6，7，8，9
10	$\frac{1}{4}$	6，7，8，9	5，6，7，8
10	$\frac{1}{5}$	5，6，7，8	4，5，6，7
13	$\frac{1}{2}$	9，10，12，14	9，10，12
13	$\frac{1}{3}$	8，9，10，12	7，8，9，10
13	$\frac{1}{4}$	7，8，9，10	6，7，8，9
13	$\frac{1}{5}$	6，7，8，9	5，6，7，8
16	$\frac{1}{3}$	9，10，12，14	8，9，10，12
16	$\frac{1}{4}$	8，9，10，12	7，8，9，10
16	$\frac{1}{5}$	7，8，9，10	6，7，8，9
20	$\frac{1}{3}$	14，16，18，20	10，12，14，16
20	$\frac{1}{4}$	12，14，16，18	9，10，12，14
20	$\frac{1}{5}$	10，12，14，16	8，9，10，12

三、主要材料

（一）不同跨径和矢跨比的拱圈砌体材料的级配按下表选用，表中石料强度（标号）系按受力或构造的最低要求列入

L_0(米)	f_0/L_0	d_0(厘米)	干砌		15号浆砌		25号浆砌	
			片石	块石	片石	块石	片石	块石
6	$\frac{1}{2}$	40	—	600	400	—	—	300
		45	800	500	—	—	—	300
	$\frac{1}{3}$	45	1000	500	300	—	—	300
		50	800	—	—	—	—	300
	$\frac{1}{4}$	40	1000	500	300	—	—	300
		45	800	—	—	—	—	300
		50	500	—	—	—	—	300
	$\frac{1}{5}$	40	—	600	400	—	—	300
		50	1000	500	300	—	—	300
8	$\frac{1}{2}$	50	—	600	400	—	—	300
		55	800	500	—	—	—	300
	$\frac{1}{3}$	50	1000	500	300	—	—	300
	$\frac{1}{4}$	40	—	1000	400	800	—	300
		50	—	600	400	—	—	300
	$\frac{1}{5}$	50	—	1000	800	300	—	300
		60	1000	600	300	—	—	300
10	$\frac{1}{2}$	55	—	800	1000	500	600	300
		60	—	500	500	300	—	300
		65	1000	500	300	—	—	300
	$\frac{1}{3}$	50	—	—	500	800	—	300
		65	1000	600	400	—	—	300
		80	1000	400	300	—	—	300
	$\frac{1}{4}$	50	—	1000	400	800	—	300
		65	600	500	300	—	—	300
	$\frac{1}{5}$	60	—	—	1000	400	800	300
		70	—	1000	800	300	500	300
		80	600	400	—	300	—	—

L_0(米)	f_0/L_0	d_0(厘米)	15号浆砌		25号浆砌		50号浆砌	
			片石	块石	片石	块石	片石	块石
13	$\frac{1}{2}$	55	1000	600	800	300	300	—
		65	600	300	—	—	300	—
		75	400	—	300	—	—	—
	$\frac{1}{3}$	55	—	500	800	300	400	—
		65	600	—	300	—	—	—
		75	400	—	300	—	—	—
	$\frac{1}{4}$	50	—	500	800	300	400	—
		70	1000	400	300	—	—	—
		80	500	—	300	—	—	—
16	$\frac{1}{3}$	55	800	1000	500	600	300	—
		60	—	500	500	300	—	—
		70	800	300	300	—	—	—
	$\frac{1}{4}$	50	—	—	500	800	300	—
		65	—	600	400	—	—	—
		80	1000	400	300	—	400	—
	$\frac{1}{5}$	50	—	1000	400	800	300	—
		85	800	—	300	—	—	—

L_0(米)	f_0/L_0	d_0(厘米)	50号浆砌		75号浆砌		100号浆砌	
			片石	块石	片石	块石	片石	块石
20	$\frac{1}{3}$	65	1000	600	800	300	600	—
		75	800	300	600	—	300	—
	$\frac{1}{4}$	70	—	600	800	300	600	300
		80	1000	500	600	300	500	—
		85	1000	400	600	—	400	—
	$\frac{1}{5}$	95	800	400	600	—	500	—

附注

1. 采用以上各表相应的各项指标（砂浆标号、石料规格，石料强度）时，不得低于表列要求。
2. 干砌圬工的石料强度不得低于500号，浆砌圬工不得低于300号，浆砌圬工的砌筑砂浆最低标号为：$L_0=8\sim13$米，15号；$L_0=16$米，25号；$L_0=20$米，25号。浆砌圬工的勾缝砂浆标号不低于25号，并不低于砌筑砂浆标号。
3. 如采用粗料石圬工砌体时，石料强度及砂浆标号可采用如"注2"规定。$L_0=10$米及以下者不得采用干砌粗料石圬工。
4. 50号及以上的砌筑砂浆可用同标号小石子混凝土代替。

（二）拱上建筑、墩台身及基础的圬工材料级配按下表选用，表中砂浆标号、石料强度及石料规格系按受力或构造的最低要求列入。

圬工种类 工程种类		甲			乙		
		石料规格	砂浆 砌	砂浆 勾	石料规格	砂浆 砌	砂浆 勾
拱上侧墙		500号片石	干	—	250号片石	25	25
帽石		300号块石 粗料石	25	50	150号混凝土预制块	25	50
护拱		500号片石	干	—	250号片石	25	25
墩、台身及基础	$L_0=6.8$米, $H≤4$米	"	"	—	—	—	—
	$L_0=6～13$米	水上	300号片石	25	25	250号块石	25	25
		水下	"	25	50	"	25	50
	$L_0=16$米	水上	"	25	25	"	25	25
		水下	"	25	50	"	25	50
	$L_0=20$米	水上	"	25	25	"	25	50
		水下	"	50	75	"	50	75
桥台护坡		250号片石	干	—	250号片石	25	25

采用时不得低于表列要求

附注:
1. 干砌侧墙、护拱及墩台仅适用于干砌拱圈的拱桥。
2. 水上及水下系指常水位以上及以下。
3. 墩、台与拱脚连接部分圬工材料级配应与相应的拱圈相同。

四、设计要点

（一）本图在原1961年中南西南片区设计组编的设计图基础上修改整理编制而成。

（二）拱圈按弹性无铰拱进行内力计算，矢跨比为1/2的拱圈按1/3矢跨比计算，计算跨径相应地缩短，桥墩及桥台则仍按原矢跨比为1/2的拱圈计算。

（三）拱圈计算未考虑墩、台的位移对拱圈受力的影响。

（四）桥台分整体式U形桥台及独立前墙矩形桥台两种；对整体式U形桥台基底截面按U形整体计算，台身底截面按独立前墙计算。

（五）多跨桥墩按相邻桥孔等跨径计算，未考虑单向推力的作用。

（六）墩台计算在同一跨径及矢跨比情况下，比较厚的拱圈作控制设计。

五、施工要点

干砌拱、浆砌拱施工说明详见图号28和29，另外在使用本图时，还应说明如下几点：

（一）各种跨径及矢跨比，配有2－3种拱厚和多种材料，按就地取材的原则供选择使用。

（二）整体式U形桥台用于一般情况，独立前墙矩形桥台适用于山岭区。设置于山坡或基底地质条件复杂的桥台，前墙与侧墙应分离。

（三）桥台基础埋置深度大于基础高度时，可将部分台身埋入土中，但整体式U形桥台不得因台身埋入土中而缩短侧墙长度。

（四）墩、台基础筑于岩石地基上时（地基基本容许承压应力$[6_0]≥9$公斤/平方厘米），可凿除表面风化部分后即行砌筑一台基础或墩、台身（U形桥台应包括侧墙）。

（五）帽石材料本图采用粗料石，如粗料石加工困难，则可用150号混凝土预制块代替，或经过经济比较后，加宽拱圈，缩短帽石悬臂长度，改用浆砌片石。

（六）拱圈、拱上侧墙及墩、台外露表面，如无特殊美化的要求时，应尽量避免采用镶面石，在砌筑时只须在石料中选择一面较为平整的石料作为镶面之用，墩、台外露部分尚应根据当地气候条件、水流及飘浮物情况决定是否用强度较高的石料作为镶面之用。

（七）栏杆形式可根据就地取材、经济、耐用并适当照顾美观的原则自行设计，图号27内所示者作参考使用。

（八）为缩短侧墙长度（仅适用于独立前墙桥台）或为平缓锥形溜坡所设的溜坡脚矮挡土墙，应与桥台基础分离，不宜连接。

六、其他

（一）附录一、圬工砌体规格

大面片石砌体：具有两个较大的大致平行面的片石砌体，拱圈均采用该种砌体。

片石砌体：厚度不小于15厘米的石料，砌筑时敲去其尖锐凸出部分，放置平稳，用小石块填塞空隙。

块石砌体：厚度20～30厘米，形状大致方正，宽度约为厚度的1～1.5倍，长度约为厚度的1.5～3倍，每层石料高度大致一律，并错缝砌筑。

粗料石砌体：厚度20～30厘米的石料，宽度为厚度的1～1.5倍，长度为厚度的2.5～4倍；表面凹陷深度不大于2厘米，外形方正的六面体；错缝砌筑，缝宽不大于2厘米。

混凝土预制块砌体：同粗料石砌体，但砌块表面平整砌缝宽不大于1厘米。

(二) 附录二、工程数量计算公式

项目	计算式	附注
拱上侧墙体积	$\frac{f_0}{L_0}=\frac{1}{2}$ $V=0.15286l+0.16359l^2+0.0062054l^3$ $\frac{f_0}{L_0}=\frac{1}{3}$ $V=0.15286l+0.14397l^2+0.0048055l^3$ $\frac{f_0}{L_0}=\frac{1}{4}$ $V=0.15286l+0.11722l^2+0.003074l^3$ $\frac{f_0}{L_0}=\frac{1}{5}$ $V=0.15286l+0.09730l^2+0.0020799l^3$	$l=L_0+2X$； 边坡为3.5:1
U形桥台体积	台身 $V=\frac{B_x}{2}[(w+a_1)(h+y)-xy]$ 侧墙 $V=(a_1-x)(1.5+\frac{h_1}{m'})h_1+\frac{1}{3}(h+y)[(1.5+\frac{2h_1}{m'})+c_1]a$ $+(0.75+c_1)(H-0.4)[B-a_1+x-\frac{(H-0.4)}{8}]$ $+0.041666(H-0.4)^2(1.5+c_1)$	m'-侧墙边坡；其余符号如桥台及桥墩图示。
桥墩体积	$\frac{f_0}{L_0}=\frac{1}{2}$ $V=0.15708(w')^2+0.3927h'(w_0^2+w^2)$ $+0.3927h(w^2+a_1^2)+\frac{B_x}{2}h(w+a_1)$ $\frac{f_0}{L_0}=\frac{1}{3}\sim\frac{1}{5}$ $V=0.5[(h+y)(B_xW+\frac{\pi}{4}W^2)$ $+y(B_xa_0+\frac{\pi}{4}a_0^2)+h(B_xa_1+\frac{\pi}{4}a_1^2)]$	B_x-拱圈宽度。 $a=a_1-w$ m-台身背坡。

续表

项目	计算式	附注
桥墩护拱体积	$V=F(B_x-2b)$；$b=[0.75+\frac{1}{m'}(h_1-\frac{2t}{3})]$；$B_x$——拱圈宽度 $F=F_1+F_2-$ [圆心角为ϕ_g，半径为R之弓形面积] $F_1=\frac{t}{2}(a_0+a)$ $F_2=\frac{1}{2}ah_a$ $a=a_0+\frac{t}{tgB}+R(\cos\phi_a-\cos\phi_\alpha)$ $tgB=\frac{h_a+t}{R\sin\phi_0-S}$ $\phi_a=90°-\phi_0$ $h_a=f_0+d_c-h_c-t-y$ $\phi_a=\sin^{-1}\frac{t+R\sin\phi_\alpha}{R}$ $h_c=R-\sqrt{R^2-S^2}$ $\phi_g=\phi_0-\sin^{-1}\frac{S}{R}$	ϕ_0—拱弧半圆心角；m'—侧墙边坡；其余符号如拱圈图示。弓形面积可查杨文渊手册表2-12。
桥台护拱体积	$V=F'(B_x-2b)$；$F'=F'_1+F'_2+F'_3-$ [圆心角为α，半径为R之弓形面积] $F'_1=\frac{1}{2}\times\frac{t^2}{m}$，$F'_2=\frac{2t+C}{2}V$ $F'_3=\frac{1}{2}(t+c)(R\sin\phi_0-S)$ $V=w-x-\frac{t}{m}$，$C=Vtg\theta$ $tg\theta=\frac{\sqrt{R^2-S^2}-R\cos\phi_0-t}{0.5L_0+X+V-S}$ $\alpha=\phi_0-\sin^{-1}\frac{S}{R}$	

附注：见图号 9

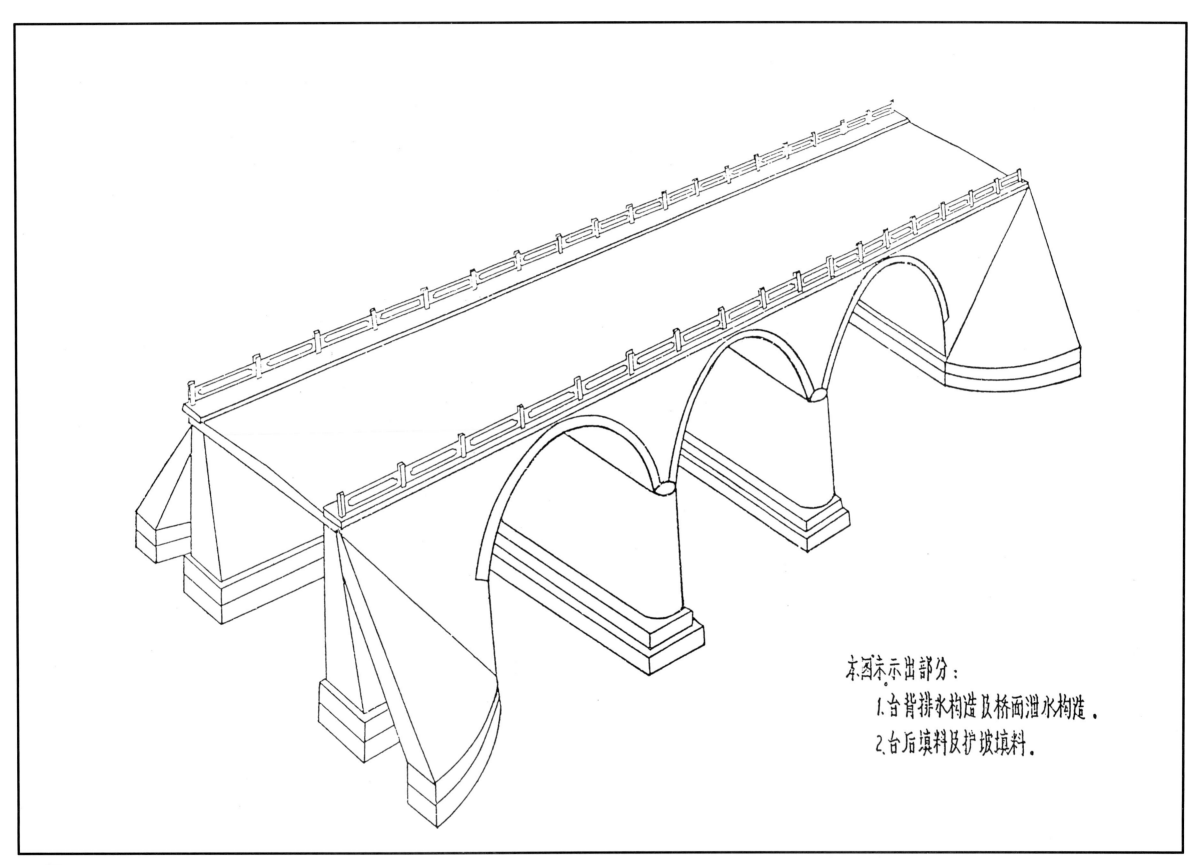

本图未示出部分：
1. 台背排水构造及桥面泄水构造。
2. 台后填料及护坡填料。

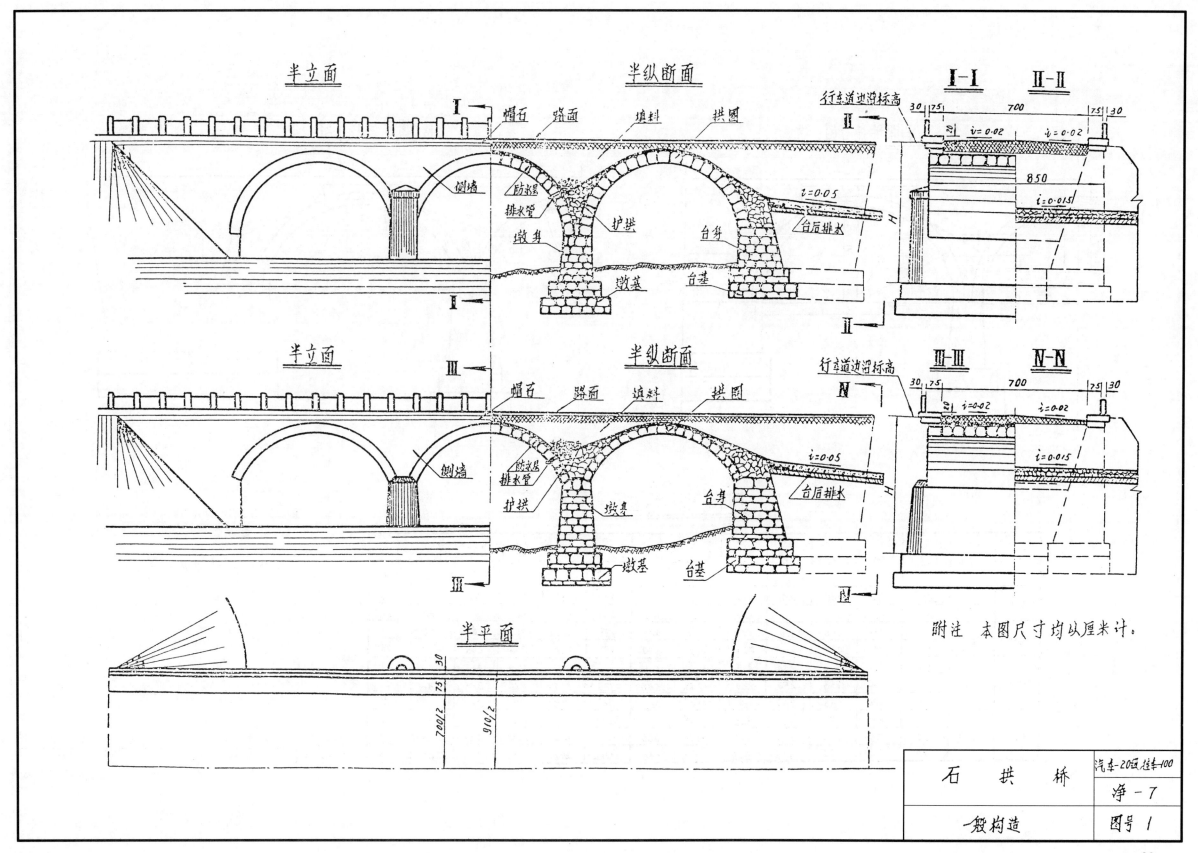

半圆拱尺寸图

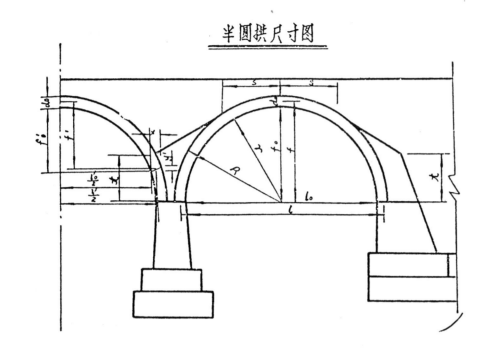

圆弧拱尺寸图

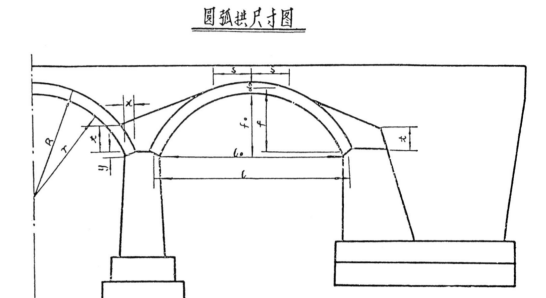

附注 圆弧拱尺寸表见图号3。

半圆拱尺寸表（厘米）

L_0	f_0	d_0	r	R	S	x	1/2矢跨比时		按1/3矢跨比计算时					
							L	f	l_0'	f_0'	l'	f'	x'	y'
600	300	40	300	340	150	150	640	320	554	185	591	197	37	15
		45	300	345	150	150	645	323	554	185	595	199	42	17
800	400	50	400	450	200	200	850	425	738	246	785	262	46	19
		60	400	460	200	200	860	430	738	246	794	265	55	23
1000	500	50	500	550	250	250	1050	525	923	308	969	323	46	19
		55	500	555	250	250	1055	528	923	308	974	325	51	21
		65	500	565	250	250	1065	533	923	308	983	328	60	25
1300	650	55	650	705	325	325	1355	678	1200	400	1251	417	51	21
		65	650	715	325	325	1365	683	1200	400	1260	420	60	25
		75	650	725	325	325	1375	688	1200	400	1269	423	69	29

石拱桥
汽车-20级 挂车100
$L_0 = 6, 8, 10, 13$ 米, $f_0/L_0 = \frac{1}{2}$
半圆拱尺寸表
浮-7
图号 2

圆弧拱尺寸表（厘米）

L_0	f_0/L_0	f_0	d_0	r	R	S	t	L	f	x	y
600	1/3	200	45	325	370	150	83	642	214	42	17
			50	325	375	150	81	646	215	46	19
	1/4	150	40	375	415	150	51	632	158	32	24
			45	375	420	150	48	636	159	36	27
			50	375	425	150	45	640	160	40	30
	1/5	120	40	435	475	150	31	628	126	28	29
			50	435	485	150	24	634	127	34	36
800	1/3	267	50	433	483	200	115	846	282	46	19
			60	433	493	200	111	855	285	55	23
	1/4	200	40	500	540	200	76	832	208	32	24
			50	500	550	200	70	840	210	40	30
			60	500	560	200	64	848	212	48	36
	1/5	160	50	580	630	200	44	834	167	34	36
			60	580	640	200	37	841	167	41	43
1000	1/3	333	50	542	592	250	148	1046	349	46	19
			60	542	602	250	144	1055	352	55	23
			65	542	607	250	142	1060	353	60	25
	1/4	250	50	625	675	250	95	1040	260	40	30
			60	625	685	250	89	1048	262	48	36
			65	625	690	250	86	1052	263	52	39
	1/5	200	60	725	785	250	57	1041	208	41	43
			70	725	795	250	49	1048	210	48	51
			80	725	805	250	42	1055	211	55	58
1300	1/3	433	55	704	759	325	196	1351	450	51	21
			65	704	769	325	192	1360	453	60	25
			75	704	779	325	188	1369	456	69	29
	1/4	325	55	813	868	325	130	1344	336	44	33
			65	813	878	325	124	1352	338	52	39
			75	813	888	325	118	1360	340	60	45
	1/5	260	70	943	1013	325	79	1348	270	48	51
			80	943	1023	325	72	1355	271	55	58
			90	943	1033	325	65	1362	273	62	65
1600	1/3	533	55	867	922	400	246	1651	550	51	21
			60	867	927	400	244	1655	552	55	23
			70	867	937	400	240	1665	555	65	27
	1/4	400	60	1000	1060	400	164	1648	412	48	36
			70	1000	1070	400	158	1656	414	56	42
			80	1000	1080	400	152	1664	416	64	48
	1/5	320	80	1160	1240	400	102	1655	331	55	58
			85	1160	1245	400	98	1659	332	59	62
			90	1160	1250	400	95	1662	333	62	65
2000	1/3	667	65	1083	1148	500	309	2060	687	60	25
			75	1083	1158	500	305	2069	690	69	29
	1/4	500	70	1250	1320	500	208	2056	514	56	42
			80	1250	1330	500	202	2064	516	64	48
	1/5	400	85	1450	1535	500	138	2059	412	59	62
			95	1450	1545	500	131	2066	413	66	69

附注 圆弧拱尺寸图见图号2。

石拱桥 汽车-20级，挂车-100
$L_0 = 6, 8, 10, 13, 16, 20$米 $f_0/L_0 = 1/3, 1/4, 1/5$
准—7
圆弧拱尺寸表 图号 3

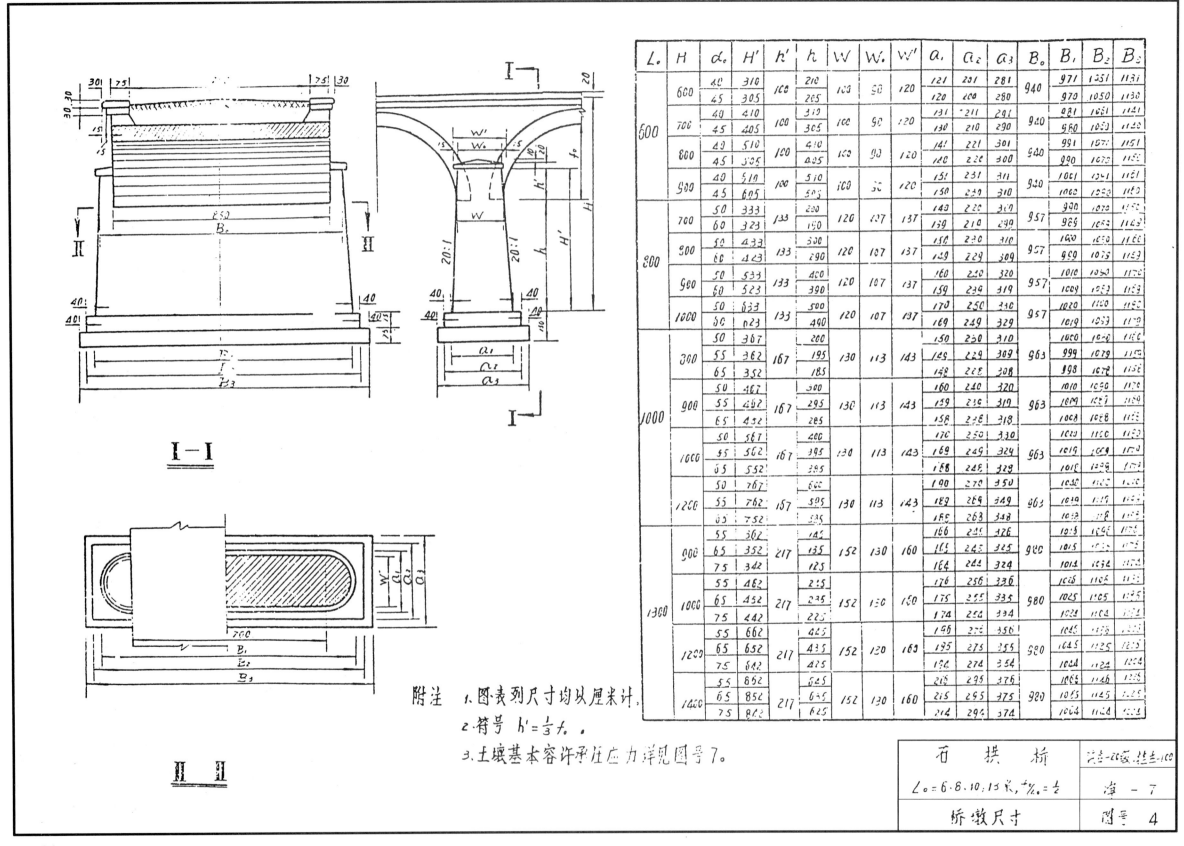

正面　　　侧面

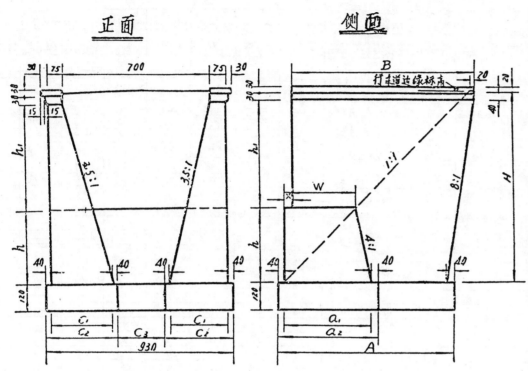

平面

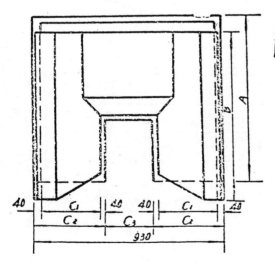

附注：
1. 图表列尺寸均以厘米计。
2. 土壤基本容许承压应力详见图号8。

桥台尺寸表

L_0	H	d_0	h	h_1	A	B	W	x	a_1	a_2	C_1	C_2	C_3
600	500	40	110	350	542	490	100	40	128	208	206	286	358
		45	105	355		475		45	126	206			
	600	40	210	350	630	580	100	40	153	233	235	315	300
		45	205	355		575		45	151	231			
	700	40	310	350	717	690	100	40	178	258	264	344	242
		45	305	355		675		45	175	256			
	800	40	410	350	805	780	100	40	203	283	293	373	184
		45	405	355		775		45	201	281			
800	600	50	100	460	630	570	120	50	145	225	235	315	300
		60	90	470		560		60	143	223			
	700	50	200	460	717	670	120	50	170	250	264	344	242
		60	190	470		660		60	168	248			
	800	50	300	460	805	770	120	50	195	275	293	373	184
		60	290	470		760		60	193	273			
	900	50	400	460	892	870	120	50	220	300	321	401	128
		60	390	470		860		60	218	298			
1000	700	50	100	560	717	670	140	50	165	245	264	344	242
		55	95	565		665		55	164	244			
		65	85	575		655		65	161	241			
	800	50	200	560	805	770	140	50	190	270	293	373	184
		55	195	565		765		55	189	269			
		65	185	575		755		65	186	266			
	900	50	300	560	892	870	140	50	215	295	321	401	128
		55	295	565		865		55	214	294			
		65	285	575		855		65	211	291			
	1000	50	400	560	980	970	140	50	240	320	349	429	72
		55	395	565		965		55	239	319			
		65	385	575		955		65	236	316			
1300	900	55	145	715	892	965	160	55	196	276	321	401	128
		65	135	725		955		65	194	274			
		75	125	735		945		75	191	271			
	1000	55	245	715	980	965	160	55	221	301	349	429	72
		65	235	725		955		65	219	299			
		75	225	735		945		75	216	296			
	1200	55	445	715	1155	1165	160	55	271	351	406	930/2	—
		65	435	725		1155		65	269	349			
		75	425	735		1145		75	266	346			

石拱桥　　汽车—20级，挂车—100

$L_0 = 6, 8, 10, 13$ 米，$f/l_0 = 1/2$

U型桥台尺寸　　图号 5　　净—7

工 程 数 量 表

L₀ (米)	f/L₀	工程种类		圬工数量 (m³)						勾缝数量 (m²)					护拱 (m³)	护坡 (m³)	防水层 (m²)	填料 (m³)	路面材料 (m³)		台背排水设备 (m³)		
				拱圈	侧墙	帽石	墩台身	基础	小计	拱圈	侧墙	帽石	墩台身	小计					片石弹沟	碎石层	粘土层		
6	1/2	拱圈 d₀ (厘米)	40	34.2	10.6	8.0	—	—	52.8	88.2	9.7	29.2	—	127.1	—	—	—	—	47.6				
			45	38.8	—	—	—	—	38.8	89.2	—	—	—	89.2	—	—	—	—	—				
		桥墩 H (厘米)	600	—	1.8	0.2	22.7	39.7	64.4	—	1.4	0.9	47.5	49.8	6.5	—	59.3	54.7	1.4				
			700	—	1.8	0.2	34.7	41.7	78.4	—	1.4	0.9	69.5	70.8	6.5	—	59.3	54.7	1.4				
			800	—	1.8	0.2	47.8	43.7	93.5	—	1.4	0.9	89.8	92.1	6.5	—	59.3	54.7	1.4				
			900	—	1.8	0.2	61.9	45.8	109.7	—	1.4	0.9	111.3	113.6	6.5	39.9	34.9	162.2	33.6	2.4	6.9	7.1		
		桥台 H (厘米)	500	—	54.6	5.5	10.7	46.1	117.0	—	32.6	20.5	—	53.2	5.5	39.9	34.9	162.2	33.6	2.4	6.9	7.1		
			600	—	86.0	6.8	22.8	56.0	171.6	—	52.3	24.9	—	77.2	5.5	57.4	34.9	213.5	40.6	2.4	8.7	8.5		
			700	—	127.3	8.0	36.6	66.7	238.6	—	74.0	29.2	—	103.2	5.5	78.2	34.9	269.7	47.6	2.4	10.2	9.8		
			800	—	179.9	9.1	52.8	78.3	320.1	—	97.7	33.5	—	131.2	5.5	102.1	34.9	364.6	54.6	2.4	11.9	11.2		
8	1/2	拱圈 d₀ (厘米)	50	55.8	19.2	10.5	—	—	85.5	120.2	17.0	38.7	—	175.9	—	—	—	—	63.0				
			60	68.9	—	—	—	—	68.9	128.0	—	—	—	128.0	—	—	—	—	—				
		桥墩 H (厘米)	700	—	2.6	0.2	26.4	43.5	72.7	—	1.8	0.9	48.8	51.5	9.6	—	75.9	83.7	1.4				
			800	—	2.6	0.2	40.4	45.6	88.8	—	1.8	0.9	70.3	73.0	9.6	—	75.9	83.7	1.4				
			900	—	2.6	0.2	55.5	47.7	105.0	—	1.8	0.9	92.2	94.9	9.6	—	75.9	83.7	1.4				
			1000	—	2.6	0.2	71.8	49.8	124.4	—	1.8	0.9	114.4	117.1	9.6	—	75.9	83.7	1.4				
		桥台 H (厘米)	600	—	88.7	6.7	11.4	55.7	162.0	—	41.1	24.5	—	65.6	7.3	57.4	43.2	228.5	39.9	2.8	8.2	8.2		
			700	—	129.9	7.8	24.8	66.5	229.0	—	62.8	28.8	—	91.6	7.3	78.2	43.2	285.5	46.9	2.8	9.5	9.4		
			800	—	182.9	9.0	40.3	78.1	310.3	—	86.5	33.1	—	119.6	7.3	102.1	43.2	345.0	53.9	2.8	11.2	10.7		
			900	—	248.1	10.2	57.9	90.5	406.7	—	112.2	37.4	—	149.6	7.3	129.1	43.2	407.8	60.9	2.8	12.8	12.1		
10	1/2	拱圈 d₀ (厘米)	50	70.1	—	—	—	—	70.1	150.0	—	—	—	150.0	—	—	—	—	—				
			55	77.5	30.3	13.0	—	—	120.8	151.8	25.9	47.7	—	225.4	—	—	—	—	77.7				
			65	92.4	—	—	—	—	92.4	155.3	—	—	—	155.3	—	—	—	—	—				
		桥墩 H (厘米)	800	—	3.5	0.2	28.4	45.4	77.5	—	2.3	0.9	50.1	53.3	13.1	—	90.8	116.2	1.4				
			900	—	3.5	0.2	43.4	47.5	94.6	—	2.3	0.9	71.9	75.1	13.1	—	90.8	116.2	1.4				
			1000	—	3.5	0.2	59.5	49.6	112.8	—	2.3	0.9	94.1	97.3	13.1	—	90.8	116.2	1.4				
			1200	—	3.5	0.2	95.2	54.0	152.9	—	2.3	0.9	139.4	142.6	13.1	—	90.8	116.2	1.4				
		桥台 H (厘米)	700	—	133.2	7.8	12.4	66.3	219.7	—	52.3	28.6	—	80.9	10.4	78.2	51.9	301.4	46.6	3.2	8.6	9.7		
			800	—	186.5	9.0	27.4	78.0	300.9	—	76.0	32.9	—	103.8	10.4	102.1	51.9	361.7	53.5	3.2	10.1	9.9		
			900	—	252.7	10.1	44.5	90.4	397.7	—	101.7	37.2	—	133.9	10.4	129.2	51.9	426.6	60.5	3.2	16.7	11.3		
			1000	—	331.2	11.3	63.7	103.7	509.9	—	129.4	41.5	—	170.9	10.4	159.3	51.9	488.9	67.5	3.2	18.2	12.5		
13	1/2	拱圈 d₀ (厘米)	55	99.5	—	—	—	—	99.5	181.9	—	—	—	181.9	—	—	—	—	—				
			65	118.5	54.5	15.6	—	—	188.5	186.1	37.2	57.2	—	280.5	—	—	—	—	83.1				
			75	137.5	—	—	—	—	137.9	190.3	—	—	—	199.3	—	—	—	—	—				
		桥墩 H (厘米)	900	—	4.6	0.2	24.7	49.6	79.1	—	2.7	0.9	51.8	55.4	16.5	—	106.0	155.3	1.4				
			1000	—	4.6	0.2	42.2	51.8	98.8	—	2.7	0.9	74.2	77.8	16.5	—	106.0	155.3	1.4				
			1200	—	4.6	0.2	78.4	56.2	139.4	—	2.7	0.9	120.1	123.7	16.5	—	106.0	155.3	1.4				
			1400	—	4.6	0.2	120.1	60.7	185.6	—	2.7	0.9	167.2	170.8	16.5	—	106.0	155.3	1.4				
		桥台 H (厘米)	900	—	260.1	10.0	20.2	90.2	380.5	—	89.8	36.8	—	126.6	12.1	129.2	58.7	444.2	53.9	3.6	10.6	10.4		
			1000	—	330.2	11.2	37.8	103.6	492.8	—	117.5	41.1	—	158.6	12.1	159.5	58.7	508.6	66.4	3.6	12.0	11.6		
			1200	—	549.3	13.5	79.4	128.9	771.1	—	178.9	49.7	—	228.6	12.1	229.7	58.7	634.9	80.9	3.6	15.0	14.0		

附注：见图号9。

石 拱 桥　汽车-20级挂车-100

$L_0 = 6, 8, 10, 13$ 米，$f/L_0 = 1/2$　净-7

工程数量表　图号 6

桥墩尺寸表（厘米）

L_0	f/L_0	H	d_0	h	W	X	Y	a_0	a_1	a_2	a_3	B_0	B_1	B_2	B_3
600	1/3	500	45	205	100	42	17	16	121	201	281	950	971	1051	1131
			50	200		46	19	8	120	200	280		970	1050	1130
		600	45	305	100	42	17	16	131	211	291	950	981	1061	1121
			50	300		46	19	8	130	210	290		980	1060	1120
		700	45	405	110	42	17	26	151	231	311	960	1001	1081	1161
			50	400		46	19	18	150	230	310		1000	1080	1160
		800	45	505	110	42	17	26	161	241	321	960	1011	1091	1171
			50	500		46	19	18	160	240	320		1010	1090	1170
	1/4	400	40	160	120	32	24	36	116	196	276	950	986	1066	1146
			45	155		36	27	28	116	196	276		985	1065	1145
			50	150		40	30	20	115	195	275		985	1065	1145
		500	40	260	120	32	24	56	146	226	306	970	996	1076	1156
			45	255		36	27	48	146	226	306		996	1076	1156
			50	250		40	30	40	145	225	305		995	1075	1155
		600	40	360	130	32	24	65	166	246	326	980	1016	1096	1176
			45	355		36	27	58	166	246	326		1016	1096	1176
			50	350		40	30	50	165	245	325		1015	1095	1175
		700	40	460	140	32	24	76	186	266	346	990	1036	1116	1196
			45	455		36	27	68	186	266	346		1036	1116	1196
			50	450		40	30	60	185	265	345		1035	1115	1195
	1/5	400	40	160	120	28	23	54	139	219	299	970	989	1069	1149
			50	180		34	28	52	138	218	298		988	1068	1148
		500	40	290	150	28	23	94	179	259	339	1000	1029	1109	1189
			50	280		34	28	82	178	258	338		1028	1108	1188

桥墩地基土壤基本容许承压应力表

跨径 L_0	矢跨比 f/L_0	桥墩高度 H	地基土壤基本容许承压应力 (σ_0) 公斤/厘米²
600	1/2 ~ 1/5	400 ~ 900	2.0
800	1/2 ~ 1/5	400 ~ 1000	2.5
1000	1/2 ~ 1/5	500 ~ 1100	3.0
1300	1/2 ~ 1/5	600 ~ 1200	3.5
1600	1/3 ~ 1/5	700 ~ 1400	4.0
2000	1/3 ~ 1/5	1000 ~ 2000	4.5

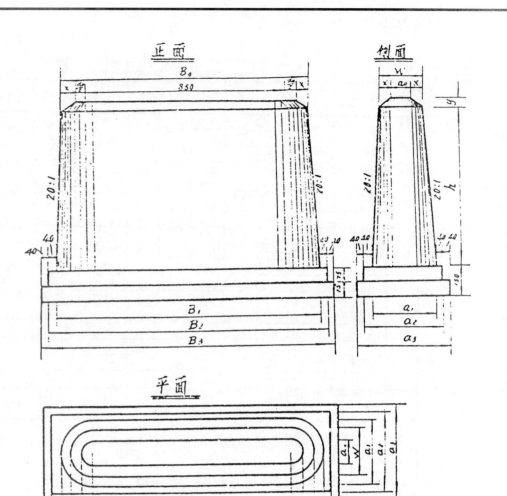

附注 图表列尺寸以厘米计。

L_0=16米及20米桥墩基础如增加一台（共三台，每台高75厘米，𝜏宽 a=40厘米），则地基土壤基本容许承压应力可按左表减小0.5公斤/平方厘米。

石拱桥　汽车-20级，挂车-100

L_0=6米，f/L_0 = 1/3，1/4，1/5

净-7

桥墩尺寸　图号 7

桥台尺寸表

f/L_0	H	d	n	k_1	A	B	W	X	Y	a_1	a_2	C_1	C_2	C_3
1/3	400	45	105	238	455	378	100	42	17	131	211	165	245	440
		50	100	241		374		46	19	130	210			
	500	45	205	238	542	478	100	42	17	156	236	190	270	390
		50	200	241		474		46	19	155	235			
	600	45	305	238	630	578	100	42	17	181	261	215	295	340
		50	300	241		574		46	19	180	260			
	700	45	405	238	717	678	100	42	17	206	286	264	244	242
		50	400	241		674		46	19	205	285			
1/4	400	40	160	175	455	388	140	32	24	185	265	165	245	440
		45	155	177		384		36	27	186	266			
		50	150	179		380		40	30	185	265			
	500	40	260	175	542	488	140	32	24	212	292	190	270	390
		45	255	177		484		36	27	211	291			
		50	250	179		480		40	30	210	290			
	600	40	360	175	630	588	140	32	24	236	316	215	295	340
		45	355	177		584		36	27	236	316			
		50	350	179		580		40	30	235	315			
1/5	400	40	190	141	455	392	180	28	29	235	315	165	245	440
		50	180	144		384		34	35	234	314			
	500	40	290	141	542	492	180	28	29	260	340	190	270	390
		50	280	144		484		34	35	259	339			
	600	40	390	141	630	592	180	28	29	285	365	215	295	340
		50	380	144		584		34	35	284	364			

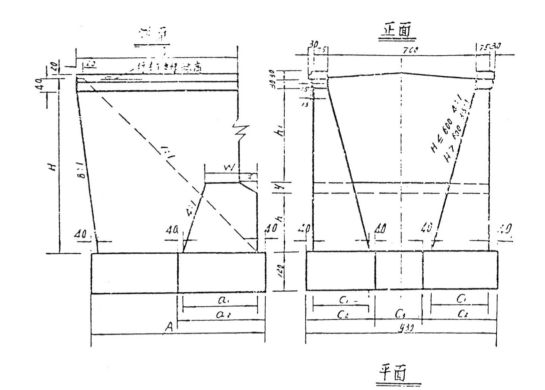

桥台地基土壤基本容许承压应力表

跨径 L_0	矢跨比 f/L_0	桥台高度H	地基土壤基本容许承压应力 (σ_0) 公斤/厘米²
600	1/3 ~ 1/5	400 ~ 800	2.0
800	1/3 ~ 1/5	400 ~ 800	2.0
	1/2	900	2.5
1000	1/3 ~ 1/5	400 ~ 1000	2.5
1300	1/3 ~ 1/5	500 ~ 1000	2.5
	1/2	1200	3.0
1600	1/3 ~ 1/5	600 ~ 1200	3.0
2000	1/3 ~ 1/5	800 ~ 1600	3.5

附注 图表列尺寸均以厘米计。

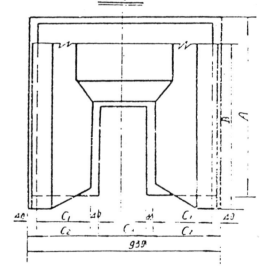

石拱桥 $L_0=6$米, $f/L_0=1/3、1/2、1/5$ 汽车-20级,挂车-100 净-7

U型桥台尺寸 图号 8

工 程 数 量 表

f/L₀	工程种类		圬工数量 (米³)						勾缝数量 (米²)					护拱 (米³)	护坡 (米³)	防水层 (米²)	填料 (米³)	路面材料 (米²)	台背排水设备 (米³)		
			拱圈	侧墙	帽石	墩台身	基础	小计	拱圈	侧墙	帽石	墩台身	小计						片石盲沟	碎石层	粘土层
1/3	拱圈 d₀ (厘米)	45	31.3	9.3	8.0	—	—	48.6	72.3	8.6	29.4	—	110.3	—	—	—	—	47.7	—	—	—
		50	35.0	—	—	—	—	35.0	73.2	—	—	—	73.2	—	—	—	—	—	—	—	—
		—	—	—	—	—	—	—	—	—	—	—	—	—	—	—	—	—	—	—	—
	桥墩 H (厘米)	500	—	0.8	0.2	22.1	39.7	62.8	—	0.8	0.7	42.3	43.8	6.1	—	55.5	49.1	1.1	—	—	—
		600	—	0.8	0.2	34.1	41.7	76.8	—	0.8	0.7	63.3	64.8	6.1	—	55.5	47.1	1.1	—	—	—
		700	—	1.4	0.3	53.5	45.8	101.0	—	1.2	1.1	85.9	89.2	6.8	—	55.5	50.1	1.8	—	—	—
		800	—	1.4	0.3	69.2	47.9	118.8	—	1.2	1.1	107.8	110.1	6.8	—	55.5	50.1	1.8	—	—	—
	桥台 H (厘米)	400	—	29.2	4.4	11.7	38.7	84.0	—	23.7	16.3	—	40.0	5.2	25.5	34.8	109.0	26.5	2.0	5.3	5.6
		500	—	50.7	5.6	23.9	47.3	127.5	—	41.4	20.6	—	62.0	5.2	39.9	34.8	152.7	33.5	2.0	7.1	7.1
		600	—	80.8	6.8	38.2	57.0	182.8	—	61.1	24.9	—	86.0	5.2	57.4	34.8	203.1	30.5	2.0	8.8	8.6
		700	—	120.8	7.9	54.7	67.5	250.9	—	82.8	29.2	—	112.0	5.2	72.2	34.8	258.3	47.5	2.0	10.5	10.0
1/4	拱圈 d₀ (厘米)	40	24.9	—	—	—	—	24.9	65.0	—	—	—	65.0	—	—	—	—	—	—	—	—
		45	28.2	7.3	7.9	—	—	43.4	65.3	6.8	28.9	—	131.5	—	—	—	—	47.0	—	—	—
		50	31.5	—	—	—	—	31.5	66.5	—	—	—	66.5	—	—	—	—	—	—	—	—
	桥墩 H (厘米)	400	—	1.0	0.3	17.2	38.7	57.2	—	1.0	1.2	32.2	34.4	4.3	—	57.9	46.3	2.0	—	—	—
		500	—	1.7	0.6	34.5	44.8	81.6	—	1.7	2.1	53.2	58.7	5.5	—	57.9	48.1	3.4	—	—	—
		600	—	2.1	0.7	53.2	49.0	105.0	—	2.1	2.5	77.9	82.5	6.0	—	57.9	48.9	4.1	—	—	—
		700	—	2.4	0.8	75.4	53.3	131.9	—	2.4	2.9	101.9	107.2	6.7	—	57.9	49.7	4.8	—	—	—
	桥台 H (厘米)	400	—	25.5	4.5	24.9	41.4	96.3	—	28.6	16.5	—	45.1	5.5	25.5	36.5	103.0	26.9	1.8	5.0	5.4
		500	—	44.9	5.7	41.8	49.7	142.1	—	46.3	20.8	—	67.1	5.5	39.9	36.5	145.3	33.9	1.8	6.9	6.9
		600	—	72.6	6.3	60.7	59.0	199.1	—	66.0	25.1	—	91.1	5.5	57.4	36.5	194.0	40.9	1.8	8.8	8.5
1/5	拱圈 d₀ (厘米)	40	23.0	5.2	7.7	—	—	36.5	61.9	5.4	28.2	—	95.5	—	—	—	—	45.9	—	—	—
		50	29.0	—	—	—	—	29.8	63.4	—	—	—	53.4	—	—	—	—	—	—	—	—
	桥墩 H (厘米)	400	—	1.7	0.8	25.9	43.3	71.7	—	1.8	2.3	41.2	45.8	4.8	—	58.3	44.9	4.5	—	—	—
		500	—	2.5	1.1	50.1	51.8	105.5	—	2.7	4.0	66.1	72.8	6.1	—	59.3	47.4	6.6	—	—	—
	桥台 H (厘米)	400	—	21.7	4.6	38.4	43.8	108.5	—	32.1	16.9	—	49.0	5.3	25.5	38.0	95.9	27.4	1.7	4.7	5.2
		500	—	39.2	5.8	59.4	51.8	156.2	—	49.8	21.2	—	71.0	5.3	39.9	38.0	136.9	34.4	1.7	6.7	6.7
		600	—	64.7	6.3	82.6	60.8	215.0	—	69.5	25.5	—	95.0	5.3	57.4	38.0	184.5	41.4	1.7	8.7	8.4

附注：
1. 拱上构造工程数量除拱圈体积及拱圈勾缝面积按三种（或两种）不同拱厚列入数量表中外，其他项目均以一种拱厚为准计算而得（有三种拱厚者取中间拱厚，有二种拱厚者取较小的拱厚），当计算工程数量时，除拱圈体积及勾缝按不同拱厚取用外，其他均采用以一种拱厚为准的工程数量。
2. 护拱，防水层及填料的工程数量，桥墩部分包括两边相邻拱跨中线之间的全部数量，桥台部分包括半跨边孔及桥台的全部数量。
3. 桥台台身勾缝面积已包括在桥台侧墙勾缝面积内，桥台工程数量系指按整体式计算的U形桥台的数量。

石 拱 桥
$L_0=6$米，$f/L_0=1/3, 1/4, 1/5$

汽车-20级，挂车-100
甲-7
工程数量表
图号 9

桥墩尺寸表

f/L₀	H	d₀	h	w	x	y	a₀	a₁	a₂	a₃	B₀	B₁	B₂	B₃
1/3	600	50	233	120	46	19	28	143	223	303	970	993	1073	1153
		60	223		55	23	10	142	222	302		992	1072	1152
	700	50	333	120	46	19	28	153	233	313	970	1003	1083	1163
		60	323		55	23	10	152	232	312		1002	1082	1162
	800	50	433	120	46	19	28	163	243	323	970	1013	1093	1173
		60	423		55	23	10	162	242	322		1012	1092	1172
	900	50	533	120	46	19	28	173	253	333	970	1023	1103	1183
		60	523		55	23	10	172	252	332		1022	1102	1182
1/4	500	40	210	110	32	24	46	131	211	291	960	981	1061	1141
		50	200		40	30	30	130	210	290		980	1060	1140
		60	190		48	36	14	129	209	289		979	1059	1139
	600	40	310	120	32	24	56	151	231	311	970	1001	1081	1161
		50	300		40	30	40	150	230	310		1000	1080	1160
		60	290		48	36	24	149	229	309		999	1079	1159
	700	40	410	130	32	24	66	171	251	331	980	1021	1101	1181
		50	400		40	30	50	170	250	330		1020	1100	1180
		60	390		48	36	34	169	249	329		1019	1099	1179
	800	40	510	140	32	24	76	191	271	351	990	1041	1121	1201
		50	500		40	30	60	190	270	350		1040	1120	1200
		60	490		48	36	44	189	269	349		1039	1119	1199
1/5	400	50	140	110	34	36	42	124	204	284	960	974	1054	1134
		60	130		41	43	28	123	203	283		973	1053	1133
	500	50	240	130	34	36	62	154	234	314	980	1004	1084	1164
		60	230		41	43	48	153	233	313		1003	1083	1163
	600	50	340	150	34	36	82	184	264	344	1000	1034	1114	1194
		60	330		41	43	68	183	263	343		1033	1113	1193

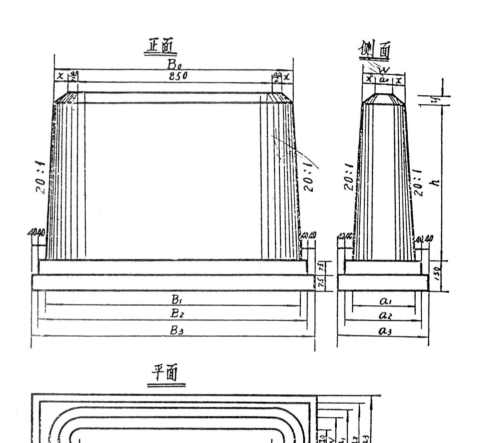

附注 1. 图表列尺寸以厘米计。
2. 土壤基本容许承压应力详见图号7。

石拱桥 汽车—20级,挂车—100 净—7
L₀=8米, f/L₀=1/3、1/4、1/5
桥墩尺寸 图号 10

桥台尺寸表(厘米)

n/L_0	H	d_0	h	h_1	A	B	W	X	Y	a_1	a_2	C_1	C_2	C_3
1/3	500	50	133	308	542	474	120	46	19	158	238	190	270	390
		60	123	314		465		55	23	157	237			
	600	50	233	308	630	574	120	46	19	183	263	215	295	340
		60	223	314		565		55	23	182	262			
	700	50	333	308	717	674	120	46	19	208	288	264	344	242
		60	323	314		665		55	23	207	287			
	800	50	433	308	805	774	120	46	19	233	313	292	372	186
		60	423	314		765		55	23	232	312			
1/4	400	40	110	226	455	388	160	32	24	194	274	165	245	440
		50	100	230		380		40	30	193	273			
		60	90	234		372		48	36	192	272			
	500	40	210	226	542	488	160	32	24	219	299	190	270	390
		50	200	230		480		40	30	218	298			
		60	190	234		472		48	36	217	297			
	600	40	310	226	630	588	160	32	24	244	324	215	295	340
		50	300	230		580		40	30	243	323			
		60	290	234		572		48	36	242	322			
	700	40	410	226	717	688	160	32	24	269	349	283	344	242
		50	400	230		680		40	30	268	348			
		60	390	234		672		48	36	267	347			
1/5	400	50	140	184	455	386	200	34	36	244	324	165	245	440
		60	130	187		379		41	43	243	323			
	500	50	240	184	542	485	200	34	36	269	349	190	270	390
		60	230	187		479		41	43	268	348			
	600	50	340	184	630	585	200	34	36	294	374	215	295	340
		60	330	187		579		41	43	293	373			

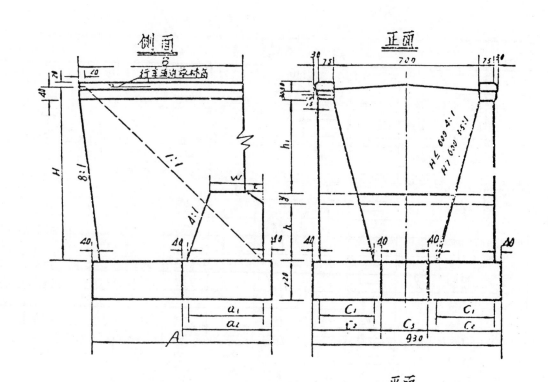

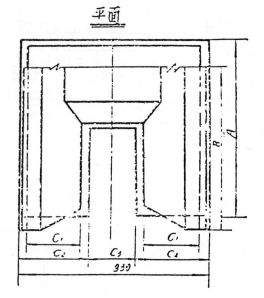

附注 1. 图、表列尺寸均以厘米计。
2. 土壤基本容许承压应力详见图号 8。

石拱桥 汽车-20级·挂车-100 净-7
$L_0 = 8$米, $n/L_0 = 1/3, 1/4, 1/5$
U型桥台尺寸   图号 11

工程数量表

f/L	工程种类		砂工数量 (米³)						勾缝数量 (米²)					护拱 (米³)	护坡 (米²)	防水层 (米²)	填料 (米³)	路面材料 (米²)	台背排水设备 (米³)		
			拱圈	侧墙	帽石	墩台身	基础	小计	拱圈	侧墙	湄石	墩台身	小计						片石盲沟	碎石层	粘土层
1/3	拱圈 d₀ (厘米)	50	45.8	16.2	10.4	—	—	72.4	97.3	14.7	38.4	—	150.4	—	—	—	—	62.4	—	—	—
		60	55.5	—	—	—	—	55.5	99.5	—	—	—	99.5	—	—	—	—	—	—	—	—
	桥墩 H (厘米)	500	—	2.1	0.3	30.5	44.2	77.1	—	1.7	1.2	49.7	52.6	11.3	—	71.9	73.6	—	2.0	—	—
		700	—	2.1	0.2	44.9	46.2	93.4	—	1.7	1.2	71.4	74.3	11.3	—	71.9	73.6	—	2.0	—	—
		800	—	2.1	0.2	60.4	48.3	111.0	—	1.7	1.2	93.4	96.3	11.3	—	71.9	73.6	—	2.0	—	—
		900	—	2.1	0.3	77.0	50.5	129.9	—	1.7	1.2	115.6	118.5	11.3	—	71.9	73.6	—	2.0	—	—
	桥台 H (厘米)	500	—	51.7	5.6	17.7	47.4	122.4	—	34.4	20.4	—	54.8	8.9	32.9	43.2	162.8	33.2	2.3	6.8	7.0
		600	—	81.9	6.7	32.2	57.1	177.3	—	54.1	24.7	—	78.8	8.9	57.4	43.2	212.9	40.2	2.3	8.5	8.3
		700	—	121.6	7.9	48.8	67.6	245.9	—	75.8	29.0	—	104.8	8.9	78.2	43.2	268.1	47.2	2.3	10.1	9.8
		800	—	172.5	9.1	67.6	79.0	328.2	—	99.5	33.3	—	132.8	8.9	102.1	43.2	327.0	54.2	2.3	11.9	11.2
1/4	拱圈 d₀ (厘米)	40	32.3	—	—	—	—	32.3	86.6	—	—	—	86.6	—	—	—	—	—	—	—	—
		50	41.2	12.5	10.3	—	—	64.2	88.5	11.7	37.8	—	138.0	—	—	—	—	61.5	—	—	—
		60	50.1	—	—	—	—	50.1	90.6	—	—	—	90.6	—	—	—	—	—	—	—	—
	桥墩 H (厘米)	500	—	1.5	0.4	25.7	41.5	69.1	—	1.4	1.3	42.3	45.0	8.1	—	72.6	67.2	—	2.1	—	—
		600	—	2.0	0.5	41.0	45.6	89.1	—	1.8	1.7	64.6	68.1	8.9	—	72.6	68.0	—	2.8	—	—
		700	—	2.5	0.6	60.7	49.8	113.6	—	2.3	2.2	87.9	92.4	9.6	—	72.6	69.1	—	3.5	—	—
		800	—	3.0	0.7	83.9	54.2	141.8	—	2.8	2.6	112.1	117.5	10.5	—	72.6	70.0	—	4.2	—	—
	桥台 H (厘米)	400	—	26.6	4.5	19.1	41.7	91.9	—	23.3	16.3	—	39.6	9.1	25.5	44.9	112.0	26.6	2.0	5.4	4.9
		500	—	45.7	5.6	36.6	50.0	137.9	—	41.0	20.6	—	61.6	9.1	39.9	44.9	153.9	33.6	2.0	6.3	5.4
		600	—	73.1	6.8	56.1	59.3	195.3	—	60.7	24.9	—	85.6	9.1	57.4	44.9	204.4	40.6	2.0	8.1	7.3
		700	—	108.9	8.0	78.8	69.3	264.0	—	82.4	29.2	—	111.6	9.1	78.2	44.9	257.2	47.6	2.0	9.7	9.3
1/5	拱圈 d₀ (厘米)	50	39.2	10.0	10.2	—	—	59.4	84.4	9.4	37.3	—	131.1	—	—	—	—	60.9	—	—	—
		60	47.2	—	—	—	—	47.2	86.3	—	—	—	86.3	—	—	—	—	—	—	—	—
	桥墩 H (厘米)	400	—	1.5	0.5	18.8	40.3	61.1	—	1.5	1.7	29.9	33.1	5.9	—	74.5	62.6	—	2.8	—	—
		500	—	2.2	0.7	36.0	46.4	85.3	—	2.2	2.6	52.9	57.7	7.0	—	74.5	64.5	—	4.2	—	—
		600	—	3.0	0.9	59.7	52.9	116.5	—	2.9	3.4	77.5	83.8	8.1	—	74.5	66.3	—	5.6	—	—
	桥台 H (厘米)	400	—	22.6	4.5	32.8	44.3	104.2	—	27.3	16.6	—	43.9	9.0	25.5	46.8	102.6	27.0	1.8	5.1	4.7
		500	—	39.7	5.7	54.6	52.2	152.2	—	45.0	20.9	—	65.9	8.0	39.9	46.8	145.1	34.0	1.8	6.0	6.2
		600	—	64.7	6.8	78.5	61.1	211.1	—	64.7	25.2	—	89.9	9.0	57.4	46.8	192.4	41.0	1.8	7.8	7.3

附注 见图号 9。

石拱桥

$L_0 = 6$ 米, $f/L_0 = 1/3, 1/4, 1/5$

等-7

工程数量表

图号 12

桥墩尺寸表

f/L	H	a	h	w	x	y	a_0	a_1	a_2	a_3	B_0	B_1	B_2	B_3
1/3	700	50	262	120	46	19	28	147	227	307	970	997	1077	1157
		50	257		55	23	10	146	226	306		996	1076	1156
		55	252		60	25	0	145	225	305		995	1075	1155
	800	50	362	120	46	19	28	157	237	317	970	1007	1087	1167
		50	357		55	23	10	156	236	316		1006	1086	1166
		55	352		60	25	0	155	235	315		1005	1085	1165
	900	50	462	120	46	19	28	167	247	327	970	1017	1097	1177
		60	457		55	23	10	166	246	326		1016	1096	1176
		65	452		60	25	0	165	245	325		1015	1095	1175
	1000	50	562	120	46	19	28	177	257	337	970	1027	1107	1187
		50	557		55	23	10	176	256	336		1026	1106	1186
		55	552		60	25	0	175	255	335		1025	1105	1185
1/4	600	50	250	120	40	30	40	145	225	305	970	995	1075	1155
		60	240		48	36	24	144	224	304		994	1074	1154
		65	235		52	39	16	144	224	304		994	1074	1154
	700	50	350	120	40	30	40	155	235	315	970	1005	1085	1165
		60	340		48	36	24	154	234	314		1004	1084	1164
		65	335		52	39	16	154	234	314		1004	1084	1164
	800	50	450	120	40	30	40	165	245	325	970	1015	1095	1175
		60	440		48	36	24	164	244	324		1014	1094	1174
		65	435		52	39	16	164	244	324		1014	1094	1174
	900	50	550	130	40	30	50	185	265	345	980	1035	1115	1195
		60	540		48	36	34	184	264	344		1034	1114	1194
		65	535		52	39	26	184	264	344		1034	1114	1194
1/5	500	60	190	110	41	43	28	129	209	289	960	979	1059	1139
		70	180		48	51	14	128	208	298		978	1058	1138
		80	170		55	58	0	127	207	287		977	1057	1137
	600	60	290	130	41	43	48	159	239	319	980	1009	1089	1169
		70	280		48	51	34	158	238	318		1008	1088	1168
		80	270		55	58	20	157	237	317		1007	1087	1167
	700	60	390	140	41	43	58	179	259	339	990	1029	1109	1189
		70	380		48	51	44	178	258	338		1028	1108	1188
		80	370		55	58	30	177	257	337		1027	1107	1187
	800	60	490	150	41	43	58	199	279	359	1000	1049	1129	1209
		70	480		48	51	54	198	278	358		1048	1128	1208
		80	470		55	58	40	197	277	357		1047	1127	1207

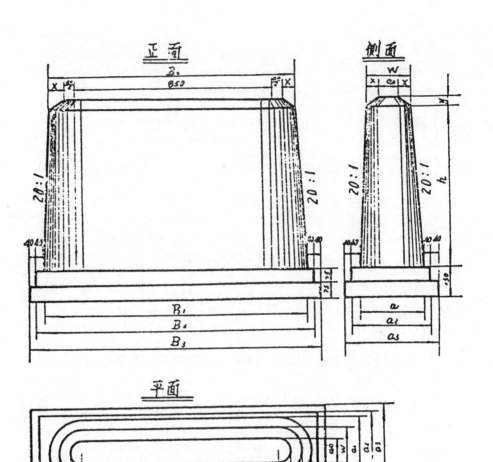

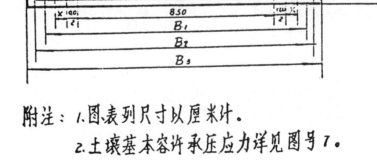

附注：1.图表列尺寸以厘米计。

2.土壤基本容许承压应力详见图号7。

石 拱 桥

$L_0 = 10$ 米， $f/L_0 = 1/3, 1/4, 1/5$

桥墩尺寸

汽车—20级，挂车—100

净—7

图号 13

桥台尺寸表

f_0/L_0	H	d_0	h	h_1	A	B	W	x	y	a_1	a_2	C_1	C_2	C_3
1/3	500	50	157	374	630	574	140	46	19	187	267	215	295	340
		60	157	380		565		55	23	195	265			
		65	152	383		560		60	25	184	264			
	700	50	267	374	717	674	140	46	19	212	292	264	344	242
		60	257	380		665		55	23	210	290			
		65	252	383		660		60	25	209	289			
	800	50	367	374	805	774	140	46	19	237	317	292	372	186
		60	357	380		765		55	23	235	315			
		65	352	383		760		60	25	234	314			
	900	50	467	374	892	874	140	46	19	262	342	321	401	128
		60	457	380		865		55	23	260	340			
		65	452	383		860		60	25	259	339			
1/4	500	50	150	280	542	480	180	40	30	225	305	190	270	390
		60	140	282		472		48	36	224	304			
		65	135	286		468		52	39	223	303			
	600	50	250	280	630	580	180	40	30	250	330	215	295	340
		60	240	284		572		48	36	249	329			
		65	235	286		568		52	39	248	328			
	700	50	350	280	717	680	180	40	30	275	355	264	344	242
		60	340	284		672		48	36	274	354			
		65	335	286		668		52	39	273	353			
	800	50	450	280	805	780	180	40	30	300	380	292	372	186
		60	440	284		772		48	36	299	379			
		65	435	286		768		52	39	298	378			
1/5	400	60	90	227	455	379	220	41	43	253	333	165	245	440
		70	80	229		372		48	51	253	333			
		80	70	232		365		55	58	252	332			
	500	60	190	227	542	479	220	41	43	278	358	190	270	390
		70	180	229		472		48	51	278	358			
		80	170	232		465		55	58	277	357			
	600	60	290	227	630	579	220	41	43	303	383	215	295	340
		70	280	229		572		48	51	303	383			
		80	270	232		565		55	58	302	382			
	700	60	390	227	717	679	220	41	43	328	408	264	344	242
		70	380	229		672		48	51	328	408			
		80	370	232		665		55	58	327	407			

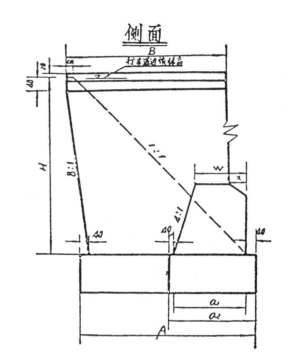

侧面

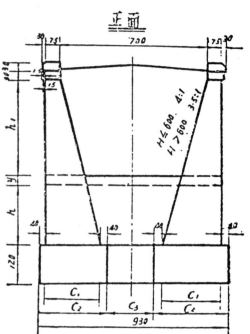

正面

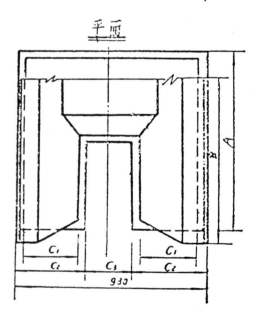

平面

附注 1. 图表列尺寸均以厘米计。
2. 土壤基本容许承压应力详见图号8。

石拱桥
$L_0 = 10$米, $f_0/L_0 = 1/3, 1/4, 1/5$
U型桥台尺寸
汽车-20级,挂车-100
净-7
图号14

工程数量表

f/L_0	工程种类		圬工数量（米³）						勾缝数量（米²）					护拱（米³）	护坡（米²）	防水层（米²）	填料（米³）	路面材料（米²）	台背排水设备（米³）		
			拱圈	侧墙	帽石	墩台身	基础	小计	拱圈	侧墙	帽石	墩台身	小计						尤工管测	碎石层	粘土层
1/3	拱圈 d_0 (厘米)	50	58.7	—	—	—	—	58.7	121.7	—	—	—	121.7	—	—	—	—	—	—	—	—
		60	58.6	26.0	13.0	—	—	107.6	124.5	22.8	47.7	—	195.0	—	—	—	77.7	—	—	—	—
		65	74.7	—	—	—	—	74.7	125.9	—	—	—	125.9	—	—	—	—	—	—	—	—
	桥墩 H (厘米)	700	—	2.8	0.1	34.1	44.8	81.8	—	2.1	0.4	54.9	57.4	13.7	—	87.6	96.7	0.7	—	—	—
		800	—	2.8	0.1	43.7	46.9	93.5	—	2.1	0.4	76.7	79.2	13.7	—	87.6	96.7	0.7	—	—	—
		900	—	2.8	0.1	64.5	49.0	116.4	—	2.1	0.4	98.7	101.2	13.7	—	87.6	96.7	0.7	—	—	—
		1000	—	2.8	0.1	81.4	51.1	135.4	—	2.1	0.4	121.1	123.6	13.7	—	87.6	96.7	0.7	—	—	—
	桥台 H (厘米)	600	—	82.8	6.6	24.4	57.2	171.0	—	46.2	24.3	—	70.5	12.4	57.4	51.6	224.1	39.8	2.5	7.9	8.0
		700	—	122.5	7.8	41.2	67.6	239.1	—	67.9	28.6	—	96.5	12.4	78.2	51.6	279.2	46.5	2.5	9.3	9.2
		800	—	173.3	9.0	60.1	79.0	321.4	—	91.6	32.9	—	124.5	12.4	102.1	51.6	337.1	53.6	2.5	11.0	10.6
		900	—	236.0	10.1	81.2	91.1	418.4	—	117.3	37.2	—	154.5	12.4	129.2	51.6	400.0	60.6	2.5	12.7	11.9
1/4	拱圈 d_0 (厘米)	50	51.2	—	—	—	—	51.2	110.6	—	—	—	110.6	—	—	—	—	—	—	—	—
		60	62.0	19.8	12.8	—	—	94.6	113.1	18.1	47.1	—	178.3	—	—	—	76.7	—	—	—	—
		65	67.4	—	—	—	—	67.4	114.4	—	—	—	114.4	—	—	—	—	—	—	—	—
	桥墩 H (厘米)	660	—	1.6	0.3	32.7	44.4	79.0	—	1.4	1.0	51.6	54.0	11.0	—	86.7	92.1	1.7	—	—	—
		700	—	1.6	0.3	47.1	46.4	95.4	—	1.4	1.0	73.3	75.7	11.0	—	86.7	92.1	1.7	—	—	—
		800	—	1.6	0.3	62.7	48.6	113.2	—	1.4	1.0	95.3	97.7	11.0	—	86.7	92.1	1.7	—	—	—
		900	—	2.2	0.4	85.6	52.9	141.1	—	1.9	1.5	119.4	122.8	12.0	—	86.7	93.9	2.4	—	—	—
	桥台 H (厘米)	500	—	46.8	5.5	29.6	50.3	132.2	—	35.0	20.3	—	55.3	10.5	39.9	51.2	169.1	33.0	2.2	6.0	6.2
		600	—	74.0	6.7	49.7	59.5	189.9	—	54.7	24.6	—	79.3	10.5	57.4	51.2	218.1	40.0	2.2	7.5	7.5
		700	—	110.5	7.9	71.9	69.5	259.8	—	76.4	28.9	—	105.3	10.5	78.2	51.2	272.4	47.0	2.2	9.0	8.3
		800	—	157.6	9.0	96.3	80.4	343.3	—	100.0	33.2	—	133.2	10.5	102.1	51.2	330.6	54.0	2.2	10.7	10.2
1/5	拱圈 d_0 (厘米)	60	58.7	—	—	—	—	58.7	107.7	—	—	—	107.7	—	—	—	—	—	—	—	—
		70	66.9	16.1	12.8	—	—	97.8	110.1	15.0	47.1	—	172.2	—	—	—	76.7	—	—	—	—
		80	79.3	—	—	—	—	79.3	112.6	—	—	—	112.6	—	—	—	—	—	—	—	—
	桥墩 H (厘米)	500	—	0.7	0.2	24.2	41.1	66.2	—	0.6	0.6	38.3	39.5	5.6	—	90.2	85.1	1.0	—	—	—
		600	—	1.7	0.4	42.8	47.3	92.2	—	1.6	1.5	61.7	64.8	6.9	—	90.2	87.3	2.4	—	—	—
		700	—	2.2	0.5	63.4	51.6	117.7	—	2.0	1.9	85.2	89.1	7.5	—	90.2	87.9	3.1	—	—	—
		800	—	2.7	0.6	87.6	56.0	146.9	—	2.5	2.3	107.7	112.5	8.2	—	90.2	88.5	3.8	—	—	—
	桥台 H (厘米)	400	—	23.6	4.4	25.4	44.7	98.1	—	21.2	16.0	—	37.2	8.4	25.5	54.1	118.8	26.0	2.0	4.1	4.4
		500	—	40.5	5.5	48.0	52.6	146.6	—	38.9	20.3	—	59.2	8.4	39.9	54.1	159.8	33.0	2.0	5.6	5.7
		600	—	65.2	6.7	72.6	61.4	205.9	—	58.6	24.6	—	83.2	8.4	57.4	54.1	207.5	40.0	2.0	7.0	7.0
		700	—	99.0	7.9	100.5	71.0	278.4	—	80.3	28.9	—	109.2	8.4	79.2	54.1	259.5	47.0	2.0	8.7	8.4

附注 见图号 9。

石拱桥　汽车-20级，挂车-100
$L_0=10$米，$f/L_0=1/3, 1/4, 1/5$
苓-7
工程数量表　图号 15

桥墩尺寸表

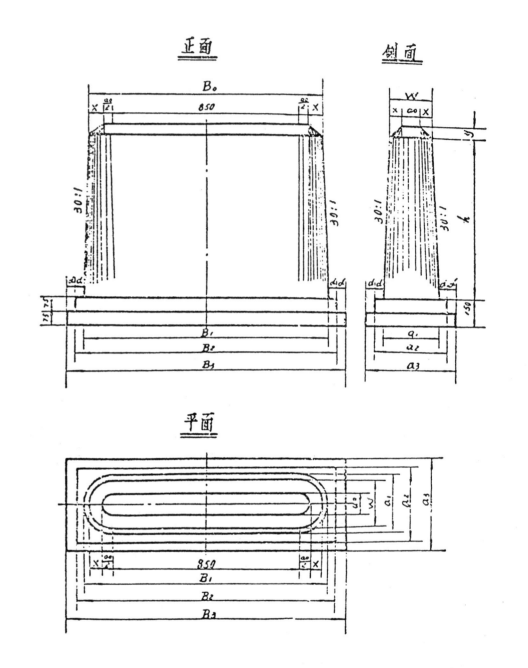

正面

侧面

平面

附注 1. 图表列尺寸均以厘米计。
2. 土壤基本容许承压应力详见图号7。

石 拱 桥	汽车-20级，挂车-100
$L_0=13$米，$f_0/L_0=1/3、1/4、1/5$	净-7
桥墩尺寸	图号 15

f_0/L_0	H	d_0	h	W	X	Y	a_0	c_1	a_2	a_3	B_0	B_1	B_2	B_3	d
1/3	800	55	262	140	51	21	38	165	225	285	990	1016	1076	1136	30
		65	252		60	25	20	165	225	285		1015	1075	1135	
		75	242		59	29	2	164	224	284		1014	1074	1134	
	900	55	362	140	51	21	38	175	235	295	990	1026	1086	1146	30
		65	352		60	25	20	175	235	295		1025	1085	1145	
		75	342		59	29	2	174	234	294		1024	1084	1144	
	1000	55	462	150	51	21	48	195	255	315	1000	1046	1106	1166	30
		65	452		60	25	30	195	255	315		1045	1105	1165	
		75	442		59	29	12	194	254	314		1044	1104	1164	
	1200	55	562	150	51	21	48	215	275	335	1000	1066	1126	1186	30
		65	552		60	25	30	215	275	335		1065	1125	1185	
		75	542		59	29	12	214	274	334		1064	1124	1184	
1/4	700	55	270	140	44	33	52	167	227	287	990	1017	1077	1137	30
		65	260		52	39	36	166	226	286		1016	1076	1136	
		75	250		60	45	20	165	225	285		1015	1075	1135	
	800	55	370	140	44	33	52	177	237	297	990	1027	1087	1147	30
		65	360		52	39	36	176	236	296		1026	1086	1146	
		75	350		60	45	20	175	235	295		1025	1085	1145	
	900	55	470	150	44	33	62	197	257	317	1000	1047	1107	1167	30
		65	460		52	39	46	196	256	316		1046	1106	1166	
		75	450		60	45	30	195	255	315		1045	1105	1165	
	1000	55	570	150	44	33	62	207	267	327	1000	1057	1117	1177	30
		65	560		52	39	46	206	266	326		1056	1116	1176	
		75	550		60	45	30	205	265	325		1055	1115	1175	
1/5	600	70	220	120	48	51	46	162	242	322	990	1012	1092	1172	40
		80	210		55	58	30	161	241	321		1011	1091	1171	
		90	200		62	65	16	160	240	320		1010	1090	1170	
	700	70	320	140	48	51	46	172	252	332	990	1022	1102	1182	40
		80	310		55	58	30	171	251	331		1021	1101	1181	
		90	300		62	65	16	170	250	330		1020	1100	1180	
	800	70	420	150	48	51	56	192	272	352	1000	1042	1122	1202	40
		80	410		55	58	40	191	271	351		1041	1121	1201	
		90	400		62	65	26	190	270	350		1040	1120	1200	
	900	70	520	150	48	51	56	202	282	362	1000	1052	1132	1212	40
		80	510		55	58	40	201	281	361		1051	1131	1211	
		90	500		62	65	26	200	280	360		1050	1130	1210	

桥台尺寸表

f_0/L_0	H	d_0	h	h_1	A	B	W	X	Y	a_1	a_2	C_1	C_2	C_3
1/3	700	55	162	477	717	669	150	51	21	206	286	264	344	242
		65	152	483		660		60	25	204	284			
		75	142	489		651		69	29	203	283			
	800	55	262	477	805	769	160	51	21	231	311	292	372	186
		65	252	483		760		60	25	229	309			
		75	242	489		751		69	29	228	308			
	900	55	362	477	892	869	160	51	21	256	336	321	401	128
		65	352	483		860		60	25	254	334			
		75	342	489		851		69	29	253	333			
	1000	55	462	477	980	969	160	51	21	281	361	349	429	72
		65	452	483		960		60	25	279	359			
		75	442	489		951		69	29	278	358			
1/4	600	55	170	357	630	575	180	44	33	231	311	215	295	340
		65	160	361		568		52	39	230	310			
		75	150	365		560		60	45	229	309			
	700	55	270	357	717	676	180	44	33	256	336	264	344	242
		65	260	361		668		52	39	255	335			
		75	250	365		660		60	45	254	334			
	800	55	370	357	805	776	180	44	33	281	361	292	372	186
		65	360	361		768		52	39	280	360			
		75	350	365		760		60	45	279	359			
	900	55	470	357	892	876	180	44	33	306	386	321	401	128
		65	460	361		868		52	39	305	385			
		75	450	365		860		60	45	304	384			
1/5	500	70	120	289	542	472	240	48	51	283	363	190	270	390
		80	110	292		465		55	58	282	362			
		90	100	295		458		62	65	281	361			
	600	70	220	289	630	572	240	48	51	308	388	215	295	340
		80	210	292		565		55	58	307	387			
		90	200	295		558		62	65	306	386			
	700	70	320	289	717	672	240	48	51	333	413	264	344	242
		80	310	292		665		55	58	332	412			
		90	300	295		658		62	65	331	411			
	800	70	420	289	805	772	240	48	51	358	438	292	372	186
		80	410	292		765		55	58	357	437			
		90	400	295		758		62	65	356	436			

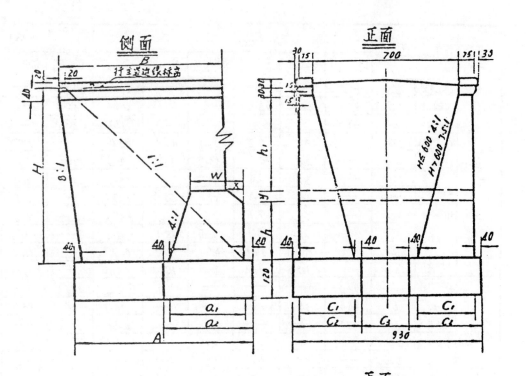

附注 1. 图表列尺寸均以厘米计。
2. 土壤基本容许承压应力详见图号8。

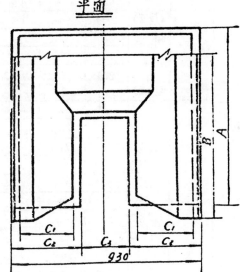

石拱桥
$L_0 = 13$米, $f_0/L_0 = 1/3, 1/4, 1/5$
汽车-20级·挂车-100
净-7

U型桥台尺寸 图号 17

工 程 数 量 表

f/L₀	工程种类		圬工数量 (米³)					勾缝数量 (米²)					护拱 (米³)	护坡 (米³)	防水层 (米²)	填料 (米³)	浆砌片料 (米³)	台背排水设备 (米³)		
			拱圈	侧墙	帽石	墩台身	基础	小计	拱圈	侧墙	帽石	墩台身	小计						片石盲沟	碎石层	粘土层
1/3	拱圈 d₀ (厘米)	55	89.4	—	—	—	—	89.4	147.5	—	—	—	147.5	—	—	—	—	—	—	—	—
		65	95.3	44.9	15.4	—	—	155.6	150.8	32.2	56.8	—	239.8	—	—	—	—	92.4	—	—	—
		75	111.0	—	—	—	—	111.0	154.2	—	—	—	154.2	—	—	—	—	—	—	—	—
	桥墩 H (厘米)	800	—	2.5	0.2	39.1	43.2	85.0	—	1.8	0.9	62.9	65.6	19.8	—	101.6	131.3	—	1.4	—	—
		900	—	2.5	0.2	55.9	45.3	103.9	—	1.8	0.9	85.4	88.1	19.8	—	101.6	131.3	—	1.4	—	—
		1000	—	3.8	0.4	79.6	49.5	133.3	—	2.7	1.3	109.3	113.6	21.2	—	101.6	132.8	—	2.1	—	—
		1200	—	3.8	0.4	121.0	53.9	179.1	—	2.7	1.3	157.0	161.0	21.2	—	101.6	132.8	—	2.1	—	—
	桥台 H (厘米)	700	—	125.3	7.7	25.8	87.7	228.0	—	60.6	28.4	—	89.0	16.4	78.2	59.2	352.9	46.2	2.8	8.5	8.5
		850	—	177.9	8.9	45.8	79.1	311.6	—	84.3	32.7	—	117.0	16.4	102.1	59.2	351.8	52.2	2.8	10.1	9.9
		900	—	240.3	10.1	65.7	91.1	407.7	—	110.0	37.9	—	147.9	16.4	129.2	59.2	413.5	60.2	2.8	11.8	11.2
		1000	—	317.3	11.2	88.4	104.1	521.0	—	137.7	41.3	—	179.0	16.4	139.5	59.2	413.8	67.2	2.8	13.4	12.5
1/4	拱圈 d₀ (厘米)	55	72.8	—	—	—	—	72.8	134.1	—	—	—	134.1	—	—	—	—	—	—	—	—
		65	86.6	34.0	15.3	—	—	135.9	137.1	25.7	55.1	—	218.9	—	—	—	—	91.3	—	—	—
		75	100.5	—	—	—	—	100.5	140.2	—	—	—	140.2	—	—	—	—	—	—	—	—
	桥墩 H (厘米)	700	—	3.0	0.4	41.9	43.2	88.5	—	2.4	1.6	63.5	67.5	16.9	—	102.5	120.7	—	2.5	—	—
		800	—	3.0	0.4	58.8	45.3	107.5	—	2.4	1.6	85.9	89.9	16.9	—	102.5	120.7	—	2.5	—	—
		900	—	3.8	0.5	82.1	49.5	135.9	—	3.1	2.0	110.4	115.5	18.0	—	102.5	121.9	—	2.5	—	—
		1000	—	3.8	0.5	102.8	51.7	158.8	—	3.1	2.0	133.8	138.9	18.0	—	102.5	121.9	—	2.5	—	—
	桥台 H (厘米)	600	—	79.0	6.7	34.0	59.0	178.7	—	49.2	24.4	—	73.6	17.1	57.4	61.5	225.0	39.8	2.4	6.3	6.2
		700	—	116.2	7.8	50.7	69.1	243.8	—	70.9	28.7	—	93.6	17.1	78.2	61.5	279.1	46.8	2.4	8.0	8.0
		800	—	164.7	9.0	77.3	80.2	331.2	—	94.3	33.0	—	127.6	17.1	102.1	61.5	336.6	53.8	2.4	9.7	9.4
		900	—	224.5	10.2	100.5	91.9	427.1	—	120.3	37.3	—	157.6	17.1	129.2	61.5	371.2	60.8	2.8	11.4	10.8
1/5	拱圈 d₀ (厘米)	70	88.3	—	—	—	—	88.3	132.0	—	—	—	132.0	—	—	—	—	—	—	—	—
		80	101.5	27.3	15.3	—	—	144.1	134.9	21.4	55.3	—	212.6	—	—	—	—	91.7	—	—	—
		90	115.0	—	—	—	—	115.0	137.8	—	—	—	137.8	—	—	—	—	—	—	—	—
	桥墩 H (厘米)	600	—	1.9	0.4	35.5	48.3	86.1	—	1.5	1.3	51.7	54.6	9.2	—	106.8	113.5	—	2.1	—	—
		700	—	1.9	0.4	51.8	50.5	104.5	—	1.6	1.3	74.0	76.9	9.2	—	106.8	113.5	—	2.1	—	—
		800	—	2.5	0.5	74.1	54.8	131.9	—	2.2	1.7	98.1	102.0	10.0	—	106.8	112.6	—	2.8	—	—
		900	—	2.5	0.5	93.8	57.1	153.9	—	2.2	1.7	13.8	17.7	10.0	—	106.8	112.6	—	2.8	—	—
	桥台 H (厘米)	500	—	43.3	5.4	35.9	52.9	137.5	—	33.7	20.0	—	53.7	13.6	39.9	63.9	167.2	32.5	2.1	4.4	4.2
		600	—	67.5	6.5	61.0	61.7	196.8	—	53.4	24.3	—	77.7	13.6	57.4	63.9	213.5	39.6	2.1	4.4	4.2
		700	—	100.7	7.8	89.2	71.3	269.0	—	75.1	28.6	—	103.7	13.6	78.2	63.9	265.7	46.6	2.1	5.9	6.0
		800	—	140.7	9.0	118.0	81.8	353.5	—	98.8	32.9	—	131.7	13.6	102.1	63.9	305.8	53.6	2.1	9.3	8.8

附注 见图号 9

石 拱 桥
L₀ = 13米, f/L₀ = 1/3, 1/4, 1/5

汽车-20级, 挂车-100
净 — 7
工程数量表
图号 18

桥墩尺寸表

f/L	H	d₀	h	w	x	y	a₀	a₁	a₂	a₃	B₀	B₁	B₂	B₃
1/3	900	55	262	150	51	21	48	176	236	296	1000	1026	1086	1146
		60	257		55	23	40	175	235	295		1025	1085	1145
		70	247		65	27	20	175	235	295		1025	1085	1145
	1000	55	362	150	51	21	48	186	246	306	1000	1036	1096	1156
		60	357		55	23	40	186	246	306		1035	1095	1155
		70	347		65	27	20	185	245	305		1035	1095	1155
	1200	55	562	160	51	21	58	216	276	336	1010	1056	1126	1186
		60	557		55	23	50	216	276	336		1055	1125	1185
		70	547		65	27	30	215	275	335		1055	1125	1185
	1400	55	762	160	51	21	58	236	296	356	1010	1065	1145	1205
		60	757		55	23	50	235	295	356		1066	1146	1205
		70	747		65	27	30	235	295	355		1065	1145	1205
1/4	800	60	290	150	48	36	54	179	239	299	1000	1029	1069	1149
		70	280		56	42	38	178	238	298		1028	1088	1148
		80	270		64	48	22	177	237	297		1027	1087	1147
	900	60	390	150	48	36	54	189	249	309	1000	1039	1099	1159
		70	380		56	42	38	188	248	308		1038	1098	1158
		80	370		64	48	22	187	247	307		1037	1097	1157
	1000	60	490	160	48	36	64	209	269	329	1010	1059	1119	1179
		70	480		56	42	48	208	268	328		1058	1118	1178
		80	470		64	48	32	207	267	327		1057	1117	1177
	1200	60	690	160	48	36	64	229	289	349	1010	1079	1139	1199
		70	680		56	42	48	228	288	348		1078	1138	1198
		80	670		64	48	32	227	287	347		1077	1137	1197
1/5	700	80	250	150	55	58	40	175	235	295	1000	1025	1085	1145
		85	245		59	62	32	175	235	295		1025	1085	1145
		90	240		62	65	26	174	234	294		1024	1084	1144
	800	80	350	150	55	58	40	185	245	305	1000	1035	1095	1155
		85	345		59	62	32	185	245	305		1035	1095	1155
		90	340		62	65	26	184	244	304		1034	1094	1154
	900	80	450	160	55	58	50	205	265	325	1010	1055	1115	1175
		85	445		59	62	42	205	265	325		1055	1115	1175
		90	440		62	65	36	204	264	324		1054	1114	1174
	1000	80	550	160	55	58	50	215	275	335	1010	1065	1125	1185
		85	545		59	62	42	215	275	335		1065	1125	1185
		90	540		62	65	36	214	274	334		1064	1124	1184

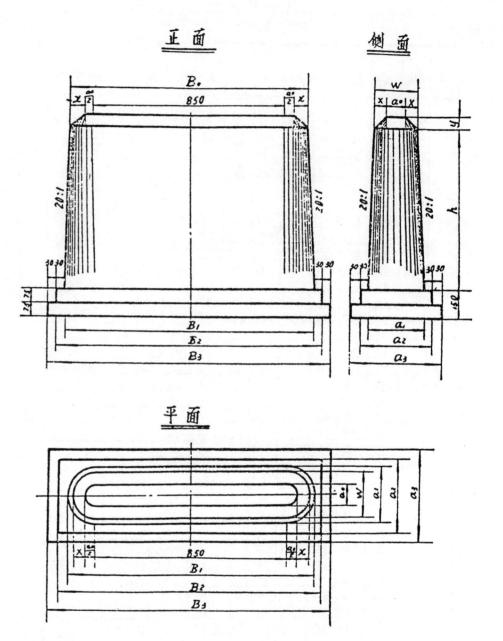

附注 1. 图表列尺寸以厘米计。
2. 土壤基本容许承压应力详图号7。

石 拱 桥
$L_0 = 16$米，$f/L_0 = 1/3 \cdot 1/4 \cdot 1/5$
汽车-20级，挂车-100
净-7
桥墩尺寸
图号 19

桥台尺寸表

f_0/L_0	H	d_0	h	h_1	A	B	W	x	y	a_1	a_2	c_1	c_2	c_3
1/3	800	55	162	577	805	769	200	51	21	246	326	292	372	186
		60	157	580		765		55	23	245	325			
		70	147	585		755		65	27	244	324			
	900	55	262	577	892	869	200	51	21	271	351	321	401	128
		60	257	580		865		55	23	270	350			
		70	247	585		855		65	27	269	349			
	1000	55	362	577	980	969	200	51	21	295	376	349	429	72
		60	357	580		965		55	23	295	375			
		70	347	585		955		65	27	294	374			
	1200	55	562	577	1155	1169	200	51	21	346	—	406	—	—
		60	557	580		1165		55	23	345	—			
		70	547	586		1155		65	27	344	—			
1/4	700	60	190	434	717	672	220	48	36	277	357	264	344	242
		70	180	438		664		56	42	276	356			
		80	170	442		656		64	48	275	355			
	800	60	290	434	805	772	220	48	36	302	382	292	372	186
		70	280	438		764		56	42	301	381			
		80	270	442		756		64	48	300	380			
	900	60	390	434	892	872	220	48	36	327	407	321	401	128
		70	380	438		864		56	42	326	406			
		80	370	442		856		64	48	325	405			
	1000	60	490	434	980	972	220	48	36	352	432	349	429	72
		70	480	438		964		56	42	351	431			
		80	470	442		956		64	48	350	430			
1/5	600	80	150	352	630	565	280	55	58	332	412	235	315	300
		85	145	353		561		59	62	332	412			
		90	140	355		558		62	65	331	411			
	700	80	250	352	717	665	280	55	58	357	437	264	344	242
		85	245	353		661		59	62	357	437			
		90	240	355		658		62	65	356	436			
	800	80	350	352	805	765	280	55	58	382	462	292	372	186
		85	345	353		761		59	62	382	462			
		90	340	355		758		62	65	381	461			
	900	80	450	352	892	865	280	55	58	407	487	321	401	128
		85	445	353		861		59	62	407	487			
		90	440	355		858		62	65	406	486			

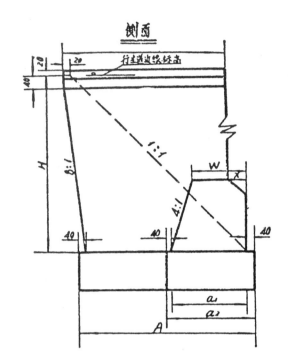

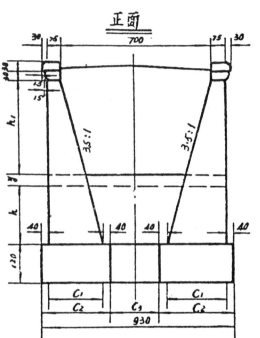

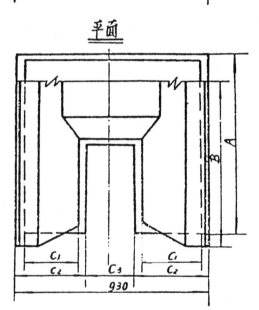

附注 1. 图表列尺寸均以厘米计
2. 土壤基本容许承压应力详见图号8。
3. 当H=12米时,基础尺寸c_3已很小,为便于施工,故将该种桥台的基础设计为整体式。

石拱桥 汽车—20级,挂车—100
L_0=16米 f_0/L_0=1/3、1/4、1/5 净—7
U型桥台尺寸 图号 20

工 程 数 量 表

f/L₀	工程种类		圬工数量 (米³)						勾缝数量 (米²)					护拱 (米³)	护坡 (米²)	防水层 (米²)	填料 (米³)	路面材料 (米²)	台背排水设备 (米³)		
			拱圈	侧墙	帽石	墩台身	基础	小计	拱圈	侧墙	帽石	墩台身	小计						龙石盲沟	碎石层	粘土层
1/3	拱圈 d₀ (厘米)	55	99.0	—	—	—	—	99.0	184.3	—	—	—	184.3								
		60	107.5	63.6	18.8	—	—	194.9	186.3	47.9	69.2	—	303.4				112.7				
		70	126.0	—	—	—	—	126.0	190.5	—	—	—	190.5								
	桥墩 H (厘米)	800	—	5.7	0.5	43.2	46.3	95.7	—	4.4	1.7	65.1	71.2	32.9		121.5	179.9	2.8			
		1000	—	5.7	0.5	61.1	47.4	115.7	—	4.4	1.7	87.9	94.0	32.9		121.5	179.9	2.8			
		1200	—	8.4	0.6	107.4	53.9	170.3	—	5.5	2.2	135.4	144.1	34.5		121.5	181.5	3.5			
		1400	—	8.4	0.6	154.5	58.3	221.8	—	5.5	2.2	184.8	192.5	34.5		121.5	181.5	3.5			
	桥台 H (厘米)	800	—	190.5	9.0	33.4	70.4	303.3	—	75.6	32.9	—	108.5	29.2	102.1	71.1	360.1	53.6	3.1	8.7	8.7
		900	—	222.2	10.1	55.3	91.4	379.2	—	101.3	37.2	—	138.5	28.2	129.2	71.1	430.5	60.6	3.1	10.1	9.6
		1000	—	319.2	11.3	79.5	104.2	514.2	—	129.9	41.5	—	170.5	28.2	159.5	71.1	497.6	67.6	3.1	11.6	11.2
		1200	—	516.0	13.6	134.0	128.9	792.5	—	190.4	50.1	—	240.5	28.2	229.7	71.1	613.1	81.6	3.1	14.6	13.6
1/4	拱圈 d₀ (厘米)	50	97.3	—	—	—	—	97.3	169.4	—	—	—	169.4								
		70	115.0	52.1	19.9	—	—	186.3	173.2	39.3	69.3	—	281.8				112.8				
		80	131.0	—	—	—	—	131.0	176.9	—	—	—	176.9								
	桥墩 H (厘米)	800	—	4.2	0.4	48.9	45.7	99.2	—	3.1	1.6	59.1	73.8	25.4		124.0	166.3	2.7			
		900	—	4.2	0.4	67.0	47.8	119.4	—	3.1	1.6	91.3	96.6	25.4		124.0	166.3	2.7			
		1000	—	5.3	0.6	91.6	52.1	149.6	—	4.0	2.1	118.8	122.9	26.6		124.0	167.8	3.4			
		1200	—	5.3	0.6	137.4	56.5	199.8	—	4.0	2.1	164.7	170.6	26.6		124.0	167.8	3.4			
	桥台 H (厘米)	700	—	117.0	7.8	45.7	69.7	240.2	—	63.0	28.6	—	91.6	26.7	78.2	74.1	297.0	45.5	2.7	7.3	7.2
		800	—	164.8	8.9	70.6	83.6	327.9	—	86.7	32.9	—	119.6	26.7	102.1	74.1	355.5	53.5	2.7	8.9	8.8
		900	—	222.8	10.1	96.6	92.2	421.7	—	112.4	37.2	—	149.6	26.7	129.2	74.1	415.6	60.5	2.7	13.5	10.2
		1000	—	294.7	11.3	125.8	104.7	536.5	—	120.1	41.5	—	181.6	26.7	158.5	74.1	675.0	67.5	2.7	12.1	11.5
1/5	拱圈 d₀ (厘米)	80	123.9	—	—	—	—	123.9	168.5	—	—	—	168.5								
		85	131.9	41.8	18.9	—	—	192.6	170.2	32.7	69.6	—	272.5				113.3				
		90	140.5	—	—	—	—	140.5	172.0	—	—	—	172.0								
	桥墩 H (厘米)	700	—	2.6	0.4	44.4	44.7	92.1	—	2.1	1.4	60.5	64.0	16.0		128.5	154.6	2.2			
		800	—	2.6	0.4	62.1	46.8	111.9	—	2.1	1.4	83.2	86.7	16.0		128.5	154.6	2.2			
		900	—	3.4	0.5	86.7	51.0	141.5	—	2.8	1.8	107.9	112.5	15.7		128.5	155.5	2.9			
		1000	—	3.4	0.5	108.1	53.2	165.2	—	2.8	1.8	131.6	136.2	15.7		128.5	155.5	2.9			
	桥台 H (厘米)	600	—	69.2	6.6	52.3	62.6	190.7	—	46.9	24.1	—	71.0	21.1	57.4	76.8	230.2	39.3	2.4	6.5	6.4
		700	—	101.5	7.7	81.8	72.0	263.0	—	68.6	28.4	—	97.0	21.1	78.2	76.8	281.4	46.3	2.4	7.2	7.1
		800	—	144.2	8.9	112.5	82.4	349.0	—	92.3	32.7	—	125.0	21.1	102.1	76.8	337.1	53.3	2.4	8.9	8.8
		900	—	198.1	10.1	147.0	93.4	448.6	—	118.0	37.0	—	155.0	21.1	129.2	76.8	396.2	60.3	2.4	10.6	10.2

附注 见图号9。

石 拱 桥
汽车-20级 挂车-100
$L_0 = 16$米, $f/L_0 = 1/3, 1/4, 1/5$
等-Ⅰ
工程数量表
图号 21

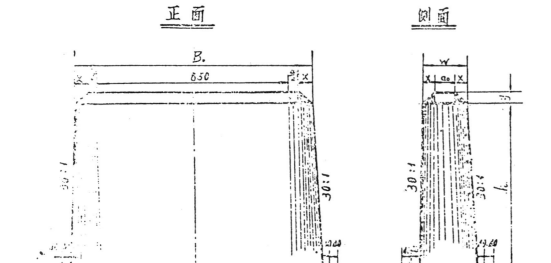

桥墩尺寸表

f/L	H	d₀	h	W	X	Y	a₀	a₁	a₂	a₃	B₀	B₁	B₂	B₃
1/3	1400	65	618	200	60	25	80	241	321	401	1050	1091	1171	1251
		75	608		68	29	62	240	320	400		1090	1170	1250
	1600	65	818	200	60	25	80	255	335	415	1050	1105	1185	1265
		75	808		68	29	62	254	334	414		1104	1184	1264
	1800	65	1018	200	60	25	80	268	348	428	1050	1118	1198	1278
		75	1008		68	29	62	267	347	427		1117	1197	1277
	2000	65	1218	200	60	25	80	281	361	441	1050	1131	1211	1291
		75	1208		68	29	62	280	360	440		1130	1210	1290
1/4	1200	70	580	200	56	42	88	239	313	390	1050	1109	1189	1269
		80	570		64	48	72	239	313	398		1108	1188	1268
	1400	70	780	200	56	42	88	252	332	412	1050	1102	1182	1262
		80	770		64	48	72	251	331	411		1101	1181	1261
	1600	70	980	200	56	42	88	265	345	425	1050	1115	1195	1275
		80	970		64	48	72	264	344	424		1114	1194	1274
	1800	70	1180	200	56	42	88	279	359	439	1050	1129	1209	1289
		80	1170		64	48	72	278	358	438		1128	1208	1288
1/5	1000	85	465	200	59	62	82	231	311	391	1050	1081	1161	1241
		95	455		66	69	68	230	310	390		1080	1160	1240
	1200	85	665	200	59	62	82	244	324	404	1050	1092	1174	1254
		95	655		66	69	68	243	323	403		1093	1173	1253
	1400	85	865	200	59	62	82	258	338	418	1050	1108	1188	1268
		95	855		66	69	68	257	337	417		1107	1187	1267
	1600	85	1065	200	59	62	82	271	351	431	1050	1121	1201	1281
		95	1055		66	69	68	270	350	430		1120	1200	1280

附注 1. 图表列尺寸以厘米计。
2. 土壤基本容许承压应力详见图号 7。

石 拱 桥

$L_0 = 20$ 米, $f/L_0 = 1/3, 1/4, 1/5$

净-7

桥墩尺寸 图号 22

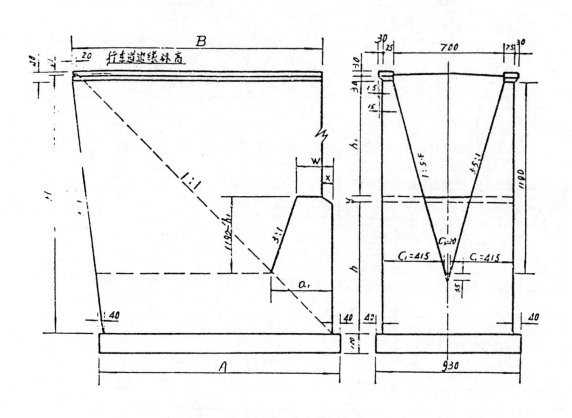

桥台尺寸表

f/L₀	H	d₀	h	h₁	A	B	W	X	Y	a₁	a₂	C₁	C₂	C₃
1/3	1000	65	210	717	980	960	240	60	25	321	401	349	429	72
		75	208	723		951		69	29	319	399			
	1200	65	418	717	1155	1159	240	60	25	388	—	406	—	
		75	408	723		1151		69	29	386	—			
	1400	65	618	717	1330	1360	240	60	25	398		415	—	20
		75	608	723		1351		69	29	396				
	1600	65	818	717	1505	1560	240	60	25	398		415	—	20
		75	808	723		1551		69	29	396				
1/4	900	70	269	538	864	864	280	56	42	387	467	321	401	128
		80	270	542	892	856		64	48	386	465			
	1000	70	380	538	980	964	280	56	42	421	501	349	429	72
		80	370	542		956		64	48	419	499			
	1200	70	580	538	1155	1164	280	56	42	487	—	406	—	
		80	570	542		1156		64	48	486	—			
	1400	70	780	538	1330	1364	280	56	42	497		415	—	20
		80	770	542		1355		64	48	496				
1/5	800	85	265	433	805	761	320	59	62	429	509	292	372	186
		95	255	436		754		66	69	428	508			
	900	85	365	433	892	861	320	59	62	462	542	321	401	128
		95	355	436		854		66	69	461	541			
	1000	85	465	433	980	961	320	59	62	496	576	349	429	72
		95	455	436		954		66	69	495	575			
	1200	85	665	433	1155	1161	320	59	62	562	—	406	—	
		95	655	435		1154		66	69	561	—			

附注 1. 图表列尺寸均以厘米计。
2. 桥台高度较小，侧墙未合拢者，其构造参见图号8。
3. 当 H=12米 时，基础尺寸C₃已很小，为便于施工，故将该种桥台的基础设计为整体式。

石 拱 桥
$L_0 = 20$米, $f/L_0 = 1/3, 1/4, 1/5$
U 型桥台尺寸

汽车-20级, 挂车-100
净-7
图号 23

工 程 数 量 表

f/L₀	工程种类		圬工数量（米³）						勾缝数量（米²）					护拱（米³）	护坡（米²）	防水层（米²）	填料（米³）	路面材料（米²）	台背排水设备（米³）		
			拱圈	侧墙	帽石	墩台身	基础	小计	拱圈	侧墙	帽石	墩台身	小计						片石盲沟	碎石层	粘土层
1/3	拱圈 d₀(厘米)	65	145.0	113.7	24.8	—	—	283.5	250.6	83.1	91.2	—	424.9					148.4			
		75	168.0	—	—	—	—	168.0	256.1	—	—	—	256.1								
	桥墩 H (厘米)	1400	—	20.4	0.9	143.1	65.8	230.2	—	11.5	3.4	149.5	164.4	56.1	—	150.6	288.5		5.6		
		1600	—	20.4	0.9	195.4	69.1	285.8	—	11.5	3.4	199.2	214.4	56.1	—	150.6	288.5		5.6		
		1800	—	20.4	0.9	251.9	72.3	345.5	—	11.5	3.4	249.5	264.4	56.1	—	150.6	288.5		5.6		
		2000	—	20.4	0.9	309.3	75.5	406.1	—	11.5	3.4	300.7	315.6	56.1	—	150.6	288.5		5.6		
	桥台 H (厘米)	1000	—	327.1	11.2	57.4	104.4	500.1	—	111.8	41.3	—	153.1	38.5	159.5	86.4	541.2	67.2	3.7	6.3	5.5
		1200	—	518.4	13.6	117.7	128.9	778.6	—	173.2	50.0	—	223.2	38.5	229.7	86.4	665.8	81.2	3.7	8.0	6.9
		1400	—	661.1	15.9	355.9	148.4	1181.3	—	242.9	58.5	—	301.4	38.5	312.5	86.4	911.4	95.2	3.7	9.7	8.4
		1600	—	738.4	18.3	653.9	153.0	1543.6	—	319.1	67.1	—	386.2	38.5	408.3	86.4	1242.0	109.2	3.7	11.4	9.8
1/4	拱圈 d₀(厘米)	70	141.8	62.5	24.7	—	—	251.0	230.4	67.4	90.8	—	380.6					147.8			
		80	162.7	—	—	—	—	162.7	235.3	—	—	—	235.3								
	桥墩 H (厘米)	1200	—	14.4	1.0	136.3	65.4	217.1	—	9.5	3.8	141.1	154.4	49.7	—	155.3	261.0		6.2		
		1400	—	14.4	1.0	187.5	68.4	271.3	—	9.5	3.8	190.9	204.2	49.7	—	155.3	261.0		6.2		
		1600	—	14.4	1.0	242.9	71.6	329.9	—	9.5	3.8	240.6	253.9	49.7	—	155.3	261.0		6.2		
		1800	—	14.4	1.0	300.8	75.0	391.2	—	9.5	3.8	291.8	305.1	49.7	—	155.3	261.0		6.2		
	桥台 H (厘米)	900	—	222.4	10.1	90.4	93.1	416.0	—	100.3	37.2	—	137.5	43.4	129.2	92.5	452.6	60.5	3.1	6.9	6.1
		1000	—	289.7	11.3	124.8	105.2	531.0	—	128.0	41.5	—	169.5	43.4	159.5	92.5	513.4	67.5	3.1	8.1	7.1
		1200	—	466.7	13.6	291.9	128.9	911.1	—	189.4	50.1	—	239.5	43.4	229.7	92.5	835.6	81.2	3.1	10.4	9.1
		1400	—	608.8	16.0	452.6	149.4	1225.8	—	257.3	58.7	—	316.0	43.4	312.5	92.5	869.2	95.5	3.1	12.8	11.0
1/5	拱圈 d₀(厘米)	85	164.3	66.6	24.8	—	—	255.7	226.5	56.1	91.1	—	373.7					148.3			
		95	184.3	—	—	—	—	184.3	231.2	—	—	—	231.2								
	桥墩 H (厘米)	1000	—	9.7	1.0	110.8	63.5	185.0	—	7.1	3.5	113.8	124.4	35.7	—	162.0	233.7		5.7		
		1200	—	9.7	1.0	160.1	66.5	237.3	—	7.1	3.5	162.7	173.3	35.7	—	162.0	238.7		5.7		
		1400	—	9.7	1.0	213.1	69.9	292.9	—	7.1	3.5	212.5	223.1	35.7	—	162.0	238.7		5.7		
		1600	—	9.7	1.0	269.2	73.0	352.9	—	7.1	3.5	263.1	273.7	35.7	—	162.0	238.7		5.7		
	桥台 H (厘米)	800	—	145.5	8.9	102.7	83.3	340.4	—	82.7	32.7	—	115.4	39.5	102.1	97.3	363.6	53.3	2.7	6.0	5.4
		900	—	196.2	10.1	173.7	94.2	474.2	—	108.4	37.0	—	145.4	39.5	129.2	97.3	387.5	60.3	2.7	7.4	6.6
		1000	—	258.4	11.2	181.3	105.9	556.8	—	136.1	41.3	—	177.4	39.5	159.2	97.3	480.2	67.3	2.7	8.7	7.7
		1200	—	424.1	13.6	271.1	128.9	837.7	—	197.5	49.9	—	247.4	39.5	229.7	97.3	601.0	81.2	2.7	11.4	10.0

附注见图号9。

石 拱 桥
L₀=20米，f/L₀=1/3, 1/4, 1/5
汽车—20级，挂车—100
净—7
工程数量表
图号 24

半圆拱桥台尺寸表

L_0	H	d	h	h_1	W	x	a_1	a_2
600	500	40	110	350	140	40	177	297
		45	105	355		45	175	295
	600	40	210	350		40	212	330
		45	205	355		45	208	328
	700	40	310	350		40	243	363
		45	305	355		45	242	362
	800	40	410	350		40	277	397
		45	405	355		45	275	395
800	600	50	100	460	160	50	193	313
		60	90	470		60	189	310
	700	50	200	460		50	227	347
		60	190	470		60	223	343
	800	50	300	460		50	260	380
		60	290	470		60	257	377
	900	50	400	460		50	293	413
		60	390	470		60	290	410
1000	700	50	100	565	200	50	233	353
		55	95	565		55	232	352
		65	85	575		65	228	348
	800	50	200	560		50	267	387
		55	195	565		55	265	385
		65	185	575		65	262	382
	900	50	300	560		50	300	420
		55	295	565		55	298	418
		65	285	575		65	295	415
	1000	50	400	560		50	333	453
		55	395	565		55	332	452
		65	385	575		65	329	448
1300	900	55	135	715	220	55	268	388
		65	135	725		65	265	385
		75	125	735		75	262	382
	1000	55	245	715		55	302	422
		65	235	725		65	299	418
		75	225	735		75	295	415

桥台尺寸表

L_0	f/L_0	H	d	h	h_1	W	x	y	a_1	a_2
600	1/3	400	45	195	236	160	42	17	201	321
			50	190	241		46	19	200	320
		500	45	295	238		42	17	233	354
			50	290	241		46	19	233	353
		600	45	395	238		42	17	267	387
			50	390	241		46	19	266	386
		700	45	495	238		42	17	301	421
			50	490	241		46	19	300	420
	1/4	400	40	160	175	160	32	24	241	361
			45	155	178		36	27	241	361
			50	150	180		40	30	240	360
		500	40	260	175		32	24	275	395
			45	255	178		36	27	275	394
			50	250	180		40	30	273	393
		600	40	360	175		32	24	308	428
			45	355	178		36	27	307	427
			50	350	180		40	30	307	427
	1/5	400	40	160	141	200	28	29	273	383
			50	150	144		34	35	272	392
		500	40	260	141		28	29	306	426
			50	250	144		34	35	305	425
800	1/3	500	50	133	308	180	46	19	231	451
			60	123	314		55	23	229	349
		600	50	233	308		46	19	264	384
			60	223	314		55	23	262	382
		700	50	333	308		46	19	297	417
			60	323	314		55	23	295	415
		800	50	433	308		46	19	331	451
			60	423	314		55	23	329	449
	1/4	400	40	110	226	200	32	24	245	365
			50	100	230		40	30	243	363
			60	90	234		48	36	242	362
		500	40	210	226		32	24	278	398
			50	200	230		40	30	277	397
			60	190	234		48	36	275	395
		600	40	310	226		32	24	311	431
			50	300	230		40	30	310	430
			60	290	234		48	36	308	428
		700	40	410	226		32	24	345	465
			50	400	230		40	30	343	463
			60	390	234		48	36	342	462
	1/5	400	50	140	184	240	34	36	289	419
			60	130	187		41	43	292	418
		500	50	240	184		34	36	322	452
			60	230	187		41	43	331	451

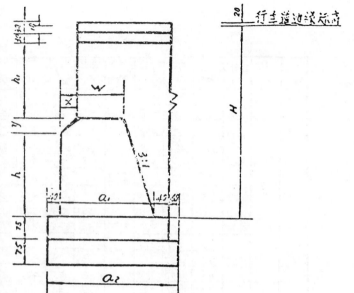

桥台地基土壤基本容许承压应力表

跨径 L_0	矢跨比 f/L_0	桥台高度 H	地基土壤基本容许承压应力(公斤/平方厘米)
600	1/2 ~ 1/5	400~800	2.5
800	1/2 ~ 1/5	400~900	3.0
1000	1/2 ~ 1/5	400~1000	3.0
1300	1/2 ~ 1/5	500~1000	3.0
1500	1/3 ~ 1/5	600~900	3.0
2000	1/3 ~ 1/5	600~1200	3.5

附注 图表尺寸均以厘米计.

石 拱 桥

汽车-20级,挂车-100

$L=6,8,10,13$米 $f/L_0=1/2; L=6,8$米 $f/L_0=1/3$

设立柱墙桥台尺寸

净-7 图号 25

桥台尺寸表

L_0	f_0/L_0	H	d_0	h	h_1	w	x	y	a_1	a_2
1000	1/3	600	50	167	374	220	46	19	282	492
			60	157	380		55	23	280	490
			65	152	383		60	25	279	399
		700	50	267	374		46	19	315	435
			60	257	380		55	23	313	433
			65	252	383		60	25	312	432
		800	50	367	374		46	19	349	469
			60	357	380		55	23	347	467
			65	352	383		60	25	346	466
		900	50	467	374		46	19	382	502
			60	457	380		55	23	380	500
			65	452	383		60	25	379	499
	1/4	500	50	150	280	240	40	30	300	420
			60	140	284		48	36	299	419
			65	135	286		52	39	299	418
		600	50	250	280		40	30	333	453
			60	240	284		48	36	332	452
			65	235	286		52	39	331	451
		700	50	350	280		40	30	367	487
			60	340	284		48	36	366	486
			65	335	286		52	39	365	485
		800	50	450	280		40	30	400	520
			60	440	284		48	36	399	519
			65	435	286		52	39	398	518
	1/5	400	60	90	227	230	41	43	344	464
			70	80	229		48	51	344	464
			80	70	232		55	58	343	463
		500	60	190	227		41	43	378	498
			70	180	229		48	51	377	497
			80	170	232		55	58	376	496
		600	60	290	227		41	43	411	531
			70	280	229		48	51	410	530
			80	270	232		55	58	409	529
		700	60	390	227		41	43	444	564
			70	380	229		48	51	444	564
			80	370	232		55	58	443	563

L_0	f_0/L_0	H	d_0	h	h_1	w	x	y	a_1	a_2
1300	1/3	700	55	162	477	260	51	21	321	441
			65	152	483		60	25	319	439
			75	142	489		69	29	317	437
		800	55	262	477		51	21	354	474
			65	252	483		60	25	352	472
			75	242	489		69	29	350	470
		900	55	362	477		51	21	388	508
			65	352	483		60	25	386	506
			75	342	489		69	29	384	504
	1/4	600	55	170	357	300	44	33	361	488
			65	160	361		52	39	366	486
			75	150	365		60	45	365	485
		700	55	270	357		44	33	401	521
			65	260	361		52	39	400	520
			75	250	365		60	45	399	518
		800	55	370	357		44	33	434	554
			65	360	361		52	39	433	553
			75	350	365		60	45	432	552
	1/5	500	70	120	289	340	48	51	397	517
			80	110	292		55	58	396	516
			90	100	295		62	65	395	515
		600	70	220	289		48	51	430	550
			80	210	292		55	58	429	549
			90	200	295		62	65	428	548
		700	70	320	289		48	51	463	584
			80	310	292		55	58	463	583
			90	300	295		62	65	462	582
1600	1/3	800	55	162	577	280	51	21	341	461
			60	157	580		55	23	340	460
			70	147	586		65	27	338	458
		900	55	262	577		51	21	374	494
			60	257	580		55	23	373	493
			70	247	586		65	27	371	491
	1/4	700	60	190	434	340	48	36	415	535
			70	180	438		56	42	414	534
			80	170	442		64	48	413	533
		800	60	290	434		48	36	449	569
			70	280	438		56	42	447	567
			80	270	442		64	48	446	566

L_0	f_0/L_0	H	d_0	h	h_1	w	x	y	a_1	a_2
1600	1/5	600	80	150	352	320	55	53	449	569
			85	145	353		59	57	449	569
			90	140	355		62	65	448	568
		700	80	250	352		55	53	483	603
			85	245	353		59	62	482	602
			90	240	355		62	65	482	602
2000	1/3	1000	65	218	717	320	55	25	401	521
			75	208	723		69	29	399	519
		1200	65	418	717	360	60	25	568	688
			75	408	723		69	29	565	685
	1/4	900	70	280	538	380	56	42	497	607
			80	270	542		64	48	495	606
		1000	70	380	538		56	42	541	661
			80	370	542		64	48	534	659
	1/5	800	85	255	433	440	59	62	538	658
			95	255	435		66	69	546	666
		900	85	365	433	460	59	62	602	722
			95	355	435		66	69	601	721

附注 1. 图表列尺寸均以厘米计。
　　　2. 表列符号见图号25。

石 拱 桥

$L_0 = 10, 13, 16, 20$米, $1/3, 1/4, 1/5$

独立前墙桥台尺寸

汽车—20级，挂—100

净—7

图号 26

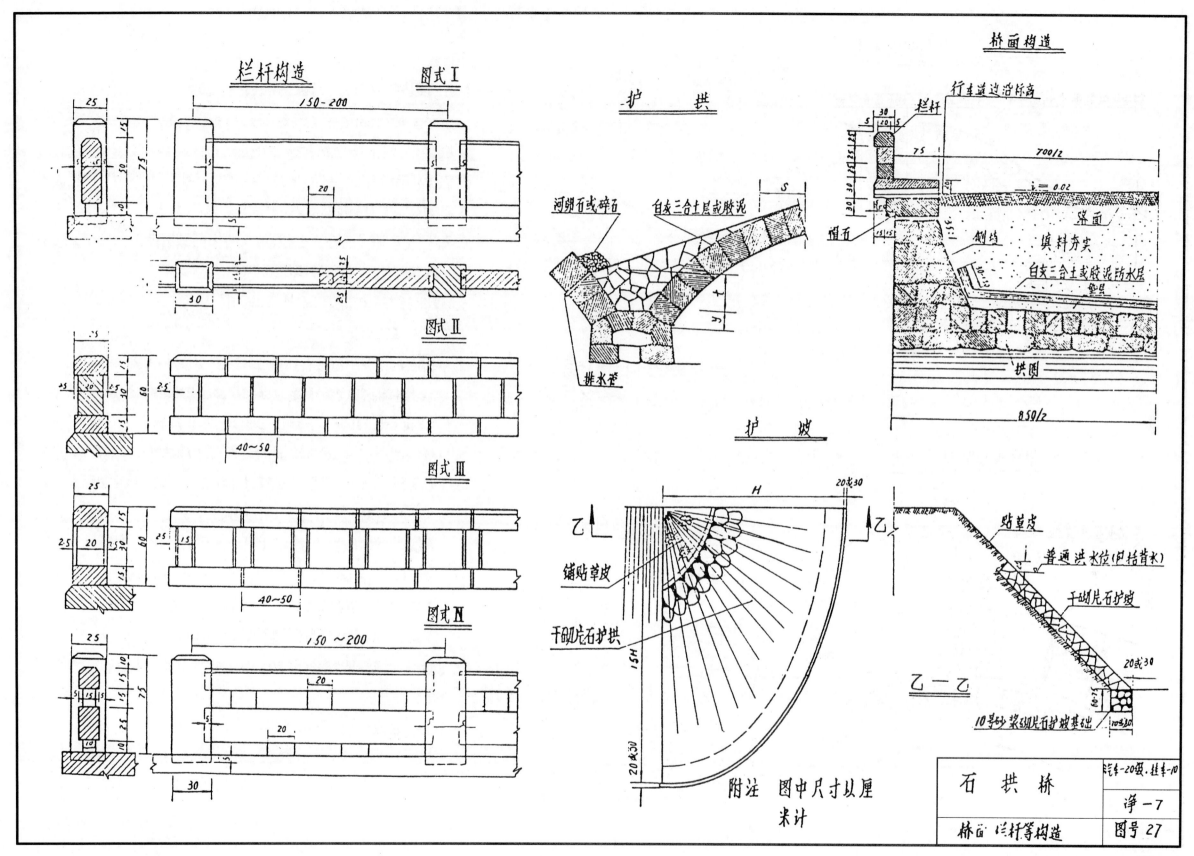

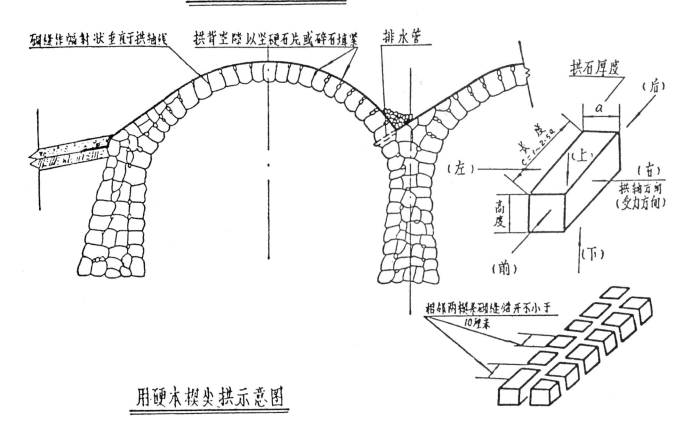

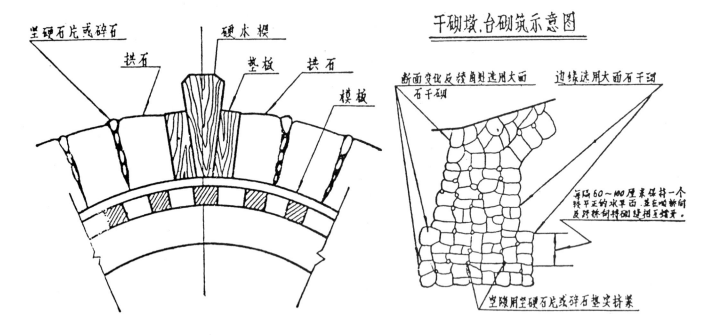

说明

一 干砌拱

1. 拱石厚度以20～25厘米为宜，单层砌筑，粗料石可双层砌筑应错缝。

2. 用片、块石干砌时，拱面的"左、右、下"三个面大致平整，"前、后"两面只须修凿夹角，凸出部位应凿去，"上"面稍可保持毛料石厚度。用粗料石干砌时，拱面的"左、右、下"三个面进行细凿，其它面只修凿其夹角，凸出部份。

3. 拱石一般为楔形形，干砌时按辐射状竖直拱轴线作砌筑。所以在回填时拱石楔形砌筑密合外，拱背砌缝与拱石等大空壁缝这些空缝采用坚硬石片或碎石填紧，而片石壁缝成弓形时，使能适应干砌缝大小之变形需要。

4. 砌筑拱圈自两边连水面开始，当拱石高度变至不一致，逐块划线（终点拱桥方法），预留的，可选择5块拱石（活楔拱石）作为一组预留，以调整不同拱拱砌筑速度，或将拱桥分为若干段划线，以便调整拱石。

5. 砌筑程序参浆砌片、块石拱施工（施工说明二，2，图号29）

6. 尖拱方法有二，现介绍如下：

   a. 拱圈在合拢前于拱顶预留楔形块石缝一条。夹板选用与拱圈所用的通长、块石或粗料石，等拱长低于拱石约等相对长约100厘米，高度较跨径拱高出1-2厘米，厚度不小于30厘米，夹板厚和夹板空之大小，以适合大根楔筒需而定。夹板的形状与拱接弧度相适应，以使夹板石拱缝，先口直径以20～30厘米为宜。上口较下口大2-3厘米，夹楔按程序放塞均为硬木做，夹板用树打入楔，两侧各夹楔打入夹板面两侧，使夹楔检测板径，用分石料杆的接过上入入夹楔，使板也能松动按楔。这需与空隙大段的符的空门石打入。在不密楔处以坚硬石片塞紧。夹紧按程度以拱圈起拱止，接头至应急由轻而重，逐均匀均匀，每诱灰令击下沉定石明止，可在夹楔和夹板处打入绳竹片。

   b. 在拱顶部设置由两块硬木垫板和一块硬木楔组的的助功设备，三块块板每块大致成相等，其总厚应大于定时空，助功设备部分左右干组，每组间的至接按关门面的长度而定，即功用16铁大锤打打，用煤毛轻后重，各缝均均匀均方，功力至拱圈脱离拱架后，即在两侧的空挡内加入关门石，关门石宜较至挡的净空稍大，嵌入时由上方击入类缝接嵌入。第一批关门石嵌入后，即楔楔木楔及其垫板，在原应楔上楔入第二批关门石。

7. 拱顶合拢后，尚须调整拱缝，并将拱余隙间或已填塞的空缝将于径线密实，其方法是用小锤把定楔，整动松紧缝缝，石片塞入。

8. 干砌墩台必须使砌筑块互相挤紧，避免荷载受应后发生松动缝隙。

石 拱 桥	汽车-20级 挂车-100
	净-7
干砌拱施工说明	图号 28

浆砌片石拱圈、墩、台砌筑示意图

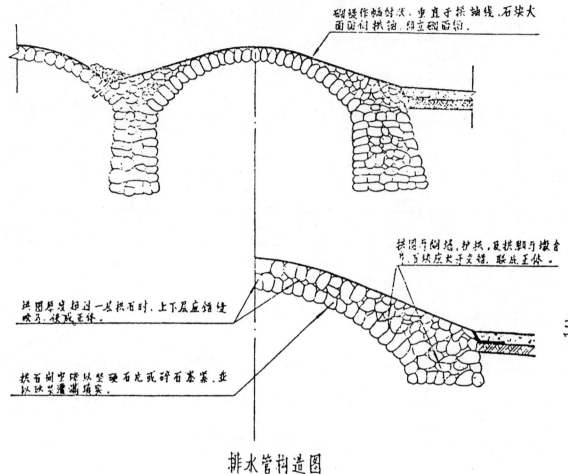

排水管构造图

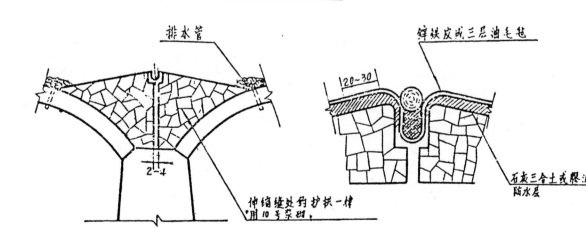

二、浆砌片块石拱

1. 拱圈砌筑时应先在底模铺砂浆一层座浆，用小撬棍将石料安妥位置，主砖缝应以砂浆或小石子混凝土填满捣实。
2. 跨径16米以下的拱圈，当采用满布式拱架或土牛拱胎施工时，可从拱脚至拱顶一次砌筑，在拱顶合拢；当采用拱式拱架时，对跨径10米以下拱圈，应在砌筑拱脚同时，预压拱顶对跨径10米及以上的拱圈，除预压拱顶外，尚须在两边再分段（或与拱顶同时预压1/4点不再分段），分段在1/4点，拱脚与拱顶间1/4点砌筑，对称均匀加载，使拱架沉落均匀，保证拱架稳定。
3. 跨径16及20米的拱圈采用分段砌筑，每段长度4~6米。采用满布式拱架时，分段接缝应在拱架节点上，砌筑时应保持对称均匀加载，对于拱式拱架，更应特别注意。
4. 分段砌筑应预留空缝（片石砌筑时作成阶梯形），以消除由于拱架变形而引起拱圈开裂，并起部份预压作用。空缝长度贯通拱圈全厚，宽度约3厘米，缝间垫以铁卡或坚硬的卵石，以保持在砌筑时的空缝净宽。空缝数量视分段长度而定，一般在拱脚附近、1/4点及拱顶关门石两侧不宜缺少；空缝在拱圈砌筑完成后，以水灰比较小（半干状态）的砂浆分层捣实（每层约10厘米）；跨径16米以下拱圈可由拱脚向拱顶逐次捣浆，跨径16米及20米者宜先拱脚次拱顶再1/4点或最好同时捣实。

三、片石圬工砌体的砌筑工艺：

片石圬工砌体在砌筑时应按以下要求进行。

1. 错缝咬马：将各种不同形状的石块经过适当的选配组合，彼此以最小空隙和间距相互衔接挤成成一整体，这种砌法称为咬马。在咬马同时，相邻石块间灰缝应互相交错，避免出现单纯的灰缝。
2. 立砌面轴：砌筑时石块最好置立（如石块高度较大，相当于拱圈厚度或可以两层错缝搭接合，亦可横置）。小头向上，称为立砌。块石大面尽量朝向拱轴方向，称为面轴。
3. 嵌缝平（修）脚：将大石块之间的空隙，选适当大小的石块及砂浆或混凝土嵌填塞紧，称为嵌缝。在石料立砌时，拱腹应挤紧没有缺口，石块下端凸角可略加錾改打平，并以合适的石块及砂浆填补缺口，这种对拱腹边倚边垫，以修为主的砌法称为平脚。
4. 座浆挤实：先铺砂浆然后砌放石料，称为座浆。在垂直灰缝处，先加灰浆至石块厚的1/3~1/4处，然后靠紧石块，让于其缝间溢浆（如灰缝过大可填以砖石）捣实。
5. 宁高勿低：用片石砌拱圈，拱圈厚度不易掌握，因此砌筑时宁略高于拱背线，以保证拱圈有效断面。
6. 堵漏勿养：砌筑时要防止因拱板不密合而漏浆，并注意养护，防止日晒雨淋而使砂浆干缩发裂或被雨水冲洗。

石 拱 桥

浆砌拱施工说明

汽车-20级，挂车-100

净-7

图号—29

中华人民共和国交通部部标准

公路桥涵标准图

石 拱 桥

主编单位：交通部公路规划设计院

批准单位：交通部

编　　号：JT/GQB 046-84

跨　　径：25、30、40、50、60 米

荷　　载：汽车-20级　　挂车-100

矢跨比：1/3、1/4、1/5、1/6

人民交通出版社

1984年·北京

名　　　　称	图　号
说明	
一般构造	1
25,30米跨径上部构造	2
40,50,60米跨径上部构造	3
拱圈座标(一)	4
拱圈座标(二)	5
拱圈座标(三)	6
桥墩构造	7
桥墩尺寸表(一)	8
桥墩尺寸表(二)	9
桥墩尺寸表(三)	10
U型桥台构造	11
U型桥台尺寸表(一)	12
U型桥台尺寸表(二)	13
U型桥台尺寸表(三)	14
引桥式桥台构造	15
引桥式桥台尺寸表(一)	16
引桥式桥台尺寸表(二)	17
桥面构造	18

名　　　　称	图　号
台后排水、锥坡、桥头排水	19
拱圈计算数值表(一)	20
拱圈计算数值表(二)	21
拱圈计算数值表(三)	22
上部构造施工程序验算	23
桥墩计算数值表(一)	24
桥墩计算数值表(二)	25
桥墩计算数值表(三)	26
U型桥台计算数值表(一)	27
U型桥台计算数值表(二)	28
U型桥台计算数值表(三)	29
引桥式桥台计算数值表	30
上部构造材料表	31
桥墩材料表(一)	32
桥墩材料表(二)	33
U型桥台材料表(一)	34
U型桥台材料表(二)	35
引桥式桥台材料表(一)	36
引桥式桥台材料表(二)	37

说　　明

一、技术标准与设计规范

本图编制主要依据：

(一) 交通部部颁《公路工程技术标准（试行）》

(二) 交通部部颁《公路桥涵设计规范（试行）》

二、技术指标

名　称	材　料　规　格
人行道边缘间的宽度　J（米）	7
人行道的宽度　R（米）	0.75
车辆荷载	汽车－20级，挂车－100
跨径　（米）	25，30，40，50，60
矢跨比	1/3，1/4，1/5，1/6

注1：本图同样用于汽车－15级，挂车－80。

注2：当桥面净空为净－9时，可按本图相应增宽。

三、主要材料

名　称		材　料　规　格
拱圈（米）	25，30	100号砂浆砌300号块石 75号砂浆砌400号块石或300号粗料石
	40	100号砂浆砌400号块石或300号粗料石 75号砂浆砌500号块石或400号粗料石
	50	100号砂浆砌500号块石或400号粗料石 75号砂浆砌600号块石或500号粗料石
	60	125号砂浆砌500号块石 100号砂浆砌500号粗料石
腹拱圈		100号砂浆砌300号粗料石
横墙		75号砂浆砌300号块石
侧墙		50号砂浆砌250号块石
填料		10号砂浆砌片石
桥墩		75号砂浆砌300号片石（L_0＝60米时采用大面片石）
桥台		50号砂浆砌300号片石、块石

四、设计要点

(一) 上部构造

1. 拱圈采用等截面悬链线无铰拱。腹拱拱圈采用等截面园弧拱。拱圈计算不考虑拱上结构共同受力作用，腹拱和横墙尺寸参照已建成的石拱桥订定，未予验算。

2. 拱轴系数m值采用拱轴线与恒载压力线在四分之一点相接近的整级值（即以拱顶为原点，四分之一点的竖距，与拱脚的竖距的比值取二位小数，取其对应的m值），全部恒载内力均加载于内力影响线进行计算。

3. 拱圈因温度变化产生的内力，拱温度变化为±15℃计算。

4. 拱圈计算未考虑墩、台位移、沉陷等影响。

(二)桥墩、桥台

1、桥墩按两相邻桥孔为等跨径设计，未考虑恒载情况的单向推力作用。

2、桥台按非岩石地基或岩石地基分别采用U型桥台或引桥式桥台两种型式
U型桥台顺桥方向的长度，根据受力情况计算而定，当桥台长度小于桥
头填土锥坡顺桥向放坡所需长度时，可在台后加建路堤挡土墙，此种挡
土墙可顺着地面坡度分段建筑或建筑在夯填密实的填土路堤上，挡土墙
尺寸可参照桥台侧墙或另行设计。

引桥式桥台身尺寸按硬质岩石地基计算。如地基石质较差，可按图中附注
的近似计算方法变更设计尺寸。

3、墩、台地基的承载力和摩擦系数

地基的基本承载力：当跨径为25.30米时，按中等密实的中砂或粗砂设计，
$\sigma_0 = 3.5$公斤／厘米^2；当跨径40米以上时按中等密实的卵石，碎石或圆
砾设计，$\sigma_0 = 5.0$公斤／厘米^2；引桥式桥台按硬质岩石设计，
$\sigma_0 = 15.0$公斤／厘米^2。

砂类土和碎卵石类土的容许承载力考虑地基宽度的修正值，按 $[\sigma] =$
$\sigma_0 + K_1 \gamma_1 (b-2)$ 计算。式中：地基土壤浮重 $\gamma_1 = 1.2$吨／米^3，K_1为修正
系数砂类土$K_1 = 2$，碎卵石类土$K_1 = 4$，b为基底最小边宽度。

4、基础底面与地基土壤之间的摩擦系数：砂类土地基为0.4；碎卵石类土地
基为0.5。

(三)结构计算

1、拱圈、墩身、台身断面均按偏心受压构件验算合力偏心距及受压应力并
考虑塑性变性影响计算重分布应为：

2、墩、台基底地基验算：砂类土或碎卵石类土地基时，合力作用点不允许
超出基底面核心半径，恒载合力作用点尽量保持在基底中线附近。岩石
地基时，基底合力偏心距允许在规定范围超出核心半径，此时，仅按受
压区计算基底最大压应力。

3、结构计算未考虑地震力情况。

五、施工要点

(一)拱圈施工

1、拱架可采用木拱架或土牛拱胎。施工时另行设计，保证安全，避
免过大的或不均匀下沉。
拱架需设置预拱度。

2、拱圈砌石一般要求按砌缝面垂直于拱腹线方向分层砌筑，石层之
间应错缝。如限于施工技术条件不易掌握，也可根据实际经验平
行于拱腹线分环砌筑，在适当段落设置几层错缝石层。

3、拱圈砌筑程序应对称于桥孔中心线。从拱脚、拱顶和四分之一点
同时开始或交叉进行。采用分环砌筑时，可将全跨同一环的石块
布置在拱架上，然后采用抹浆坐石或灌浆捣实的方法砌筑。

4、砌置横墙的拱背部分，须设置五角形拱石，五角石的修凿以按照
拱圈座标和横墙位置画大样图放样的方法较为简捷。

5、卸落拱架时间参照图号23掌握，但应在拱圈合拢后至少二星期进
行，同时在卸拱前，桥台(U型桥台或引桥式桥台)全部工程及台
背填土必须基本完成。由于桥墩设计未考虑拱圈恒载单向推力，
两孔以上的桥必须在各孔拱圈全部砌筑合拢达到设计强度的情况
下方可卸落拱架。

卸落拱架的次序，应自拱顶至拱脚分多次逐渐对称进行。

(二)、拱上结构

1、拱上结构施工程序参照图号23年示各阶段进行
两孔以上的桥，相邻桥孔拱上构造施工各阶段应大致同时进行，
或相差一个阶段交替进行。

2. 腹拱圈拱架一般不用支柱，每排拱架在横墙上挑出一块丁头石来放置。丁头石可大致砌在低于起拱点40～50厘米处。

3. 横墙不能承受拱圈的恒载单向推力，因此，各个腹拱均设拱架，同时完成拱圈，或者自拱脚向跨中逐孔砌筑腹拱，但必须采取措施，以抵抗腹拱圈卸拱后作用于横墙的单向推力，例如在相邻腹拱跨中设斜撑，或在待砌筑的各腹拱跨于横墙上部设水平支撑。

4. 靠拱脚的腹拱为三铰拱，铰的形成可在设铰断面，不用灰浆砌缝，而垫以2～3层油毡或沥青浸制麻布。铰石选择石质坚硬而无裂纹的石料，一对铰石的接触面应较一般拱石多加修凿以增大实际接触面积。

5. 填料同时起护拱作用，采用低标号砂浆砌片石，要求分层灌浆，嵌塞密实，使上部恒载容重均匀，砌至与拱顶高度齐平时，大致找平，铺以小石子混凝土抹平层，抹平层起防水作用，一般可在抹平层上涂沥青1～2道，增强防水效能。

(三) 墩、台施工

1. 地基地壤须符合设计要求，并尽可能设置在承载力较高较为密实的地层。

2. 岩石地基应清除表面风化部分，地基表面大致修凿平整。砌筑基础时，底面接触密实，必要时基础底层可采用100号以上混凝土灌筑。
卵石或砂土地基，开挖时应保持地基面不受扰动，并视情况予以夯实加强。

3. 拱座部分应于平行于拱脚断面有1～2层用粗料石砌筑，保证台口尺寸和位置准确，亦可根据情况改为混凝土(250号)预制块砌筑或现浇混凝土(200号)。

4. U型桥台台后路堤设挡土墙时，桥台侧墙与挡土墙，或两段挡墙的接触面采用干砌缝，同时紧密贴接不留间隙，以增强桥台的稳定性。

附录：

砌体规格：

片石砌体：厚度不小于15厘米的石料。砌筑时敲去其尖锐凸出部分，放置平稳，用小石块填塞空隙。

块石砌体：厚度20～30厘米的石料。形状大致方正，宽度约为厚度的1～1.5倍，长度约为厚度的1.5～3倍，每层石料高度大致一律，并错缝砌筑。

粗料石砌体：厚度20～30厘米的石料，宽度约为厚度的1～1.5倍，长度约为厚度的2.5～4倍，表面凹陷深度不大于2厘米，外形方正的六面体，错缝砌筑，缝宽不大于2厘米。

大面片石砌体：具有两个大致的较大平行面的片石砌筑的砌体。

混凝土预制块砌体：同粗料石砌体，但砌体表面平整，砌缝宽度大于1厘米。

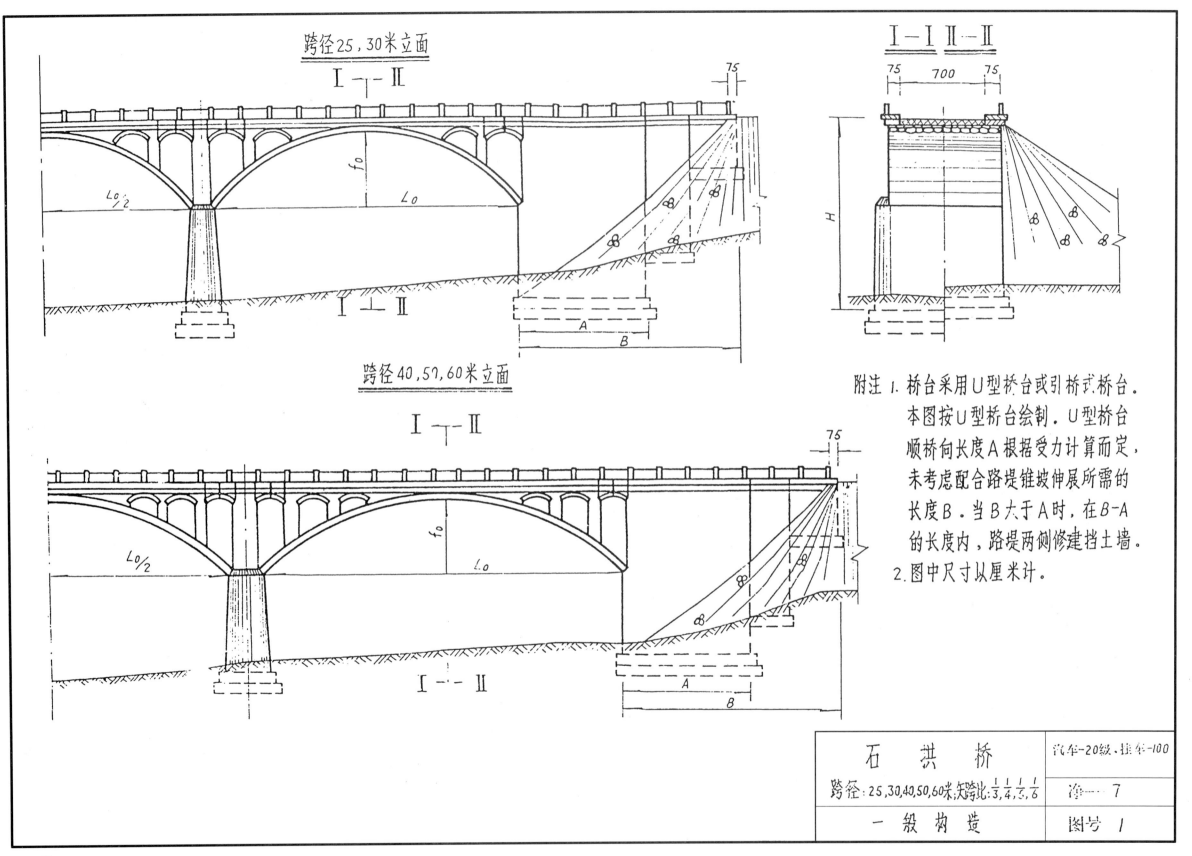

纵断面

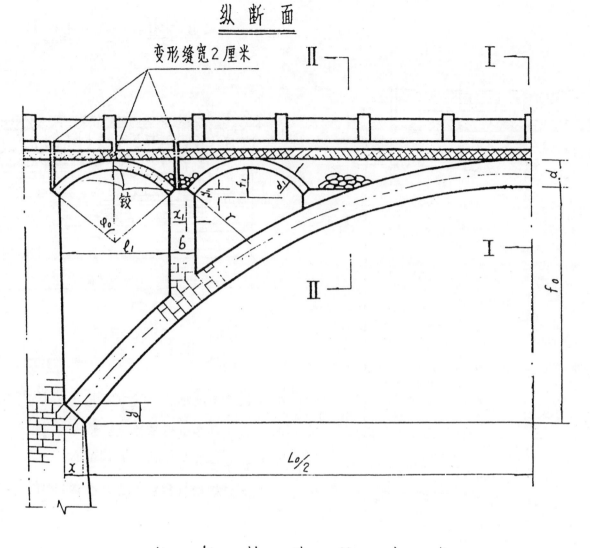

Ⅱ-Ⅱ Ⅰ-Ⅰ

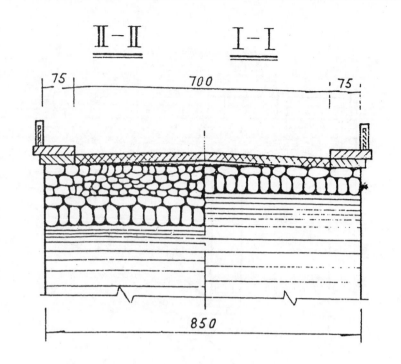

附注:
1. 横墙高度以标高控制。腹拱起拱点的标高低于行车道边缘 d_1+f_1+30 厘米。
2. 桥面各部分构造详见图号18。
3. 上部构造材料规格及数量详见图号22及图号31。
4. 图中尺寸除跨径以米计外,余均以厘米计。

上部构造尺寸表

L_0	$\frac{f_0}{L_0}$	主拱				腹拱							
		f_0	d	x	y	l_1	f_1	d_1	x_1	y_1	r	φ_0	b
25	$\frac{1}{3}$	833	70	61	35	300	100	30	28	12	163	67°22'50"	70
	$\frac{1}{4}$	625		54	44		75		24	18	188	53°07'50"	
	$\frac{1}{5}$	500		49	50		60		21	22	218	43°36'08"	
	$\frac{1}{6}$	417		43	55		50		18	24	250	36°52'10"	
30	$\frac{1}{3}$	1000	80	69	40	353	117	35	32	14	190	67°22'50"	80
	$\frac{1}{4}$	750		62	51		88		28	21	219	53°07'50"	
	$\frac{1}{5}$	600		56	57		70		24	25	254	43°36'08"	
	$\frac{1}{6}$	500		49	63		58		21	28	292	36°52'10"	

石 拱 桥

跨径:25,30,40,50,60米;矢跨比:$\frac{1}{3},\frac{1}{4},\frac{1}{5},\frac{1}{6}$

25,30米跨径上部构造

汽车-20级·挂车-100

冷—7

图号 2

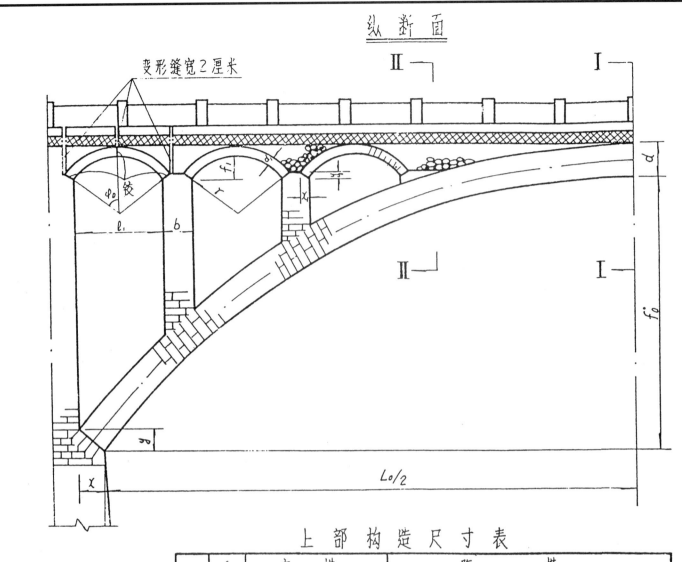

附注:
1. 横墙高度以标高控制。腹拱起拱点的标高低于行车道边缘 d_1+f_1+30 厘米。
2. 桥面各部分构造详见图号18。
3. 上部构造材料规格及数量详见图号22及图号31。
4. 图中尺寸除跨径以米计外,余均以厘米计。

上部构造尺寸表

L_0	$\frac{f_0}{L_0}$	主拱				腹拱							
		f_0	d	x	y	l_1	f_1	d_1	x_1	y_1	r	φ_0	b
40	1/3	1333	90	78	45	350	117	35	32	14	190	57°22′50″	90
	1/4	1000		70	57		88		28	21	219	53°07′50″	
	1/5	800		63	64	300	60	30	21	22	218	43°36′08″	80
	1/6	667		55	71		50		18	24	250	36°52′10″	
50	1/3	1667	100	87	50	450	150	40	37	15	244	57°22′50″	100
	1/4	1250		78	63		113		32	24	281	53°07′50″	
	1/5	1000		70	71	400	80	35	24	25	290	43°36′08″	
	1/6	833		62	79		67		21	28	333	36°52′10″	
60	1/3	2000	120	104	60	500	167	40	37	15	271	57°22′50″	110
	1/4	1500		93	76		125		32	24	313	53°07′50″	
	1/5	1200		84	86		100		28	29	363	43°36′08″	
	1/6	1000		74	95		83		24	32	417	36°52′10″	

石拱桥

跨径:25、30、40、50、60米 矢跨比 1/3、1/4、1/5、1/6

40、50、60米跨径上部构造

汽车—20级,挂车—100

净—7

图号 3

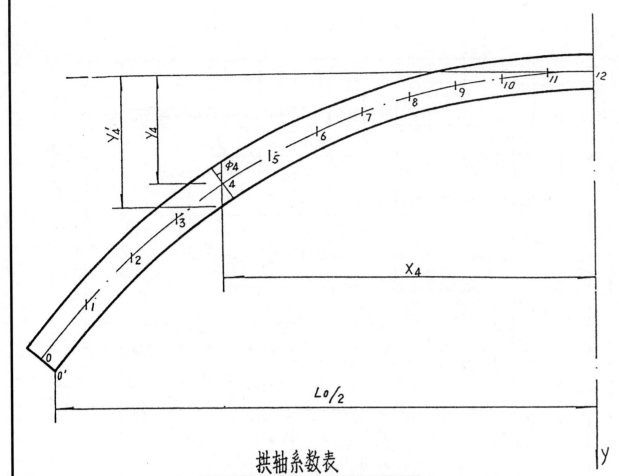

L_0	f_0/L_0	截面编号	0	1	2	3	4	5	6	7	8	9	10	11	12
25	1/3	φ	59°51'	55°30'	50°46'	45°45'	40°33'	35°12'	29°50'	24°34'	19°26'	14°24'	9°31'	4°44'	0
		拱轴线 X	1280.3	1173.6	1067.0	960.2	853.5	746.8	640.1	533.5	426.8	320.1	213.4	106.7	0
		拱轴线 Y	850.7	682.2	540.0	420.6	320.8	238.0	170.1	115.4	72.5	40.2	17.7	4.4	0
		拱腹线 X	1250.0	1173.6	1067.0	960.2	853.5	746.8	640.1	533.5	426.8	320.1	213.4	106.7	0
		拱腹线 Y'	868.3	744.0	595.3	470.8	366.9	280.8	210.4	153.9	109.6	76.3	53.2	39.5	35.0
	1/4	φ	50°51'	46°31'	42°03'	37°29'	32°55'	28°24'	24°00'	19°42'	15°32'	11°31'	7°37'	3°47'	0
		拱轴线 X	1277.2	1170.7	1064.3	957.8	851.4	745.0	638.6	532.1	425.7	319.3	212.9	106.4	0
		拱轴线 Y	637.9	516.8	412.9	324.4	249.3	186.3	134.0	91.3	57.6	32.0	14.1	3.5	0
		拱腹线 X	1250.0	1170.7	1064.3	957.8	851.4	745.0	638.6	532.1	425.7	319.3	212.9	106.4	0
		拱腹线 Y'	660.0	567.7	460.0	368.5	291.0	226.1	172.3	128.5	93.9	67.7	49.4	38.6	35.0
	1/5	φ	44°31'	40°10'	35°49'	31°42'	27°22'	23°24'	19°36'	15°59'	12°32'	9°15'	6°08'	3°01'	0
		拱轴线 X	1274.6	1168.3	1062.1	955.9	849.7	743.5	637.3	531.1	424.8	318.6	212.4	106.2	0
		拱轴线 Y	510.0	413.2	330.1	259.3	199.3	148.9	107.1	73.0	46.1	25.6	11.3	2.8	0
		拱腹线 X	1250.0	1168.3	1062.1	955.9	849.7	743.5	637.3	531.1	424.8	318.6	212.4	106.2	0
		拱腹线 Y'	535.0	459.0	373.5	300.0	238.7	187.0	144.3	109.4	82.0	61.1	46.5	37.8	35.0
	1/6	φ	37°55'	34°12'	30°31'	26°58'	23°31'	20°12'	17°02'	13°57'	11°00'	8°09'	5°24'	2°41'	0
		拱轴线 X	1271.5	1165.5	1059.6	953.6	847.7	741.7	635.8	529.8	423.9	317.9	212.0	106.0	0
		拱轴线 Y	424.1	346.9	279.7	221.5	171.5	129.0	93.3	64.0	40.5	22.6	10.0	2.5	0
		拱腹线 X	1250.0	1165.5	1059.6	953.6	847.7	741.7	635.8	529.8	423.9	317.9	212.0	106.0	0
		拱腹线 Y'	451.7	389.2	320.3	260.8	209.7	166.3	129.9	100.1	76.2	58.0	45.2	37.5	35.0

拱轴系数表

f_0/L_0 \ L_0	1/3	1/4	1/5	1/6
25	3.500	2.814	2.814	2.240
30	3.500	2.814	2.814	2.240
40	3.500	2.814	2.814	2.240
50	3.500	2.814	2.814	2.240
60	3.500	2.814	2.814	2.240

附注 1. 表列座标值以拱轴线上截面号12为原点。
2. 表列0号截面拱腹线座标为起拱点0'的座标值。
3. 表列座标值未考虑施工预拱度。
4. 表尺寸除跨径以米计外，其余均以厘米计。

石拱桥

汽车—20级，挂车—100

跨径：25,30,40,50,60米；矢跨比：1/3,1/4,1/5,1/6

拱圈座标（一）

净—7

图号 4

L_0	f_0/L_0	截面编号		0	1	2	3	4	5	6	7	8	9	10	11	12
30	1/3		φ	59°51'	55°30'	50°46'	45°45'	40°33'	35°12'	29°50'	24°34'	19°26'	14°24'	9°31'	4°44'	0
		拱轴线	X	1534.6	1406.7	1278.8	1150.9	1023.1	895.2	767.3	639.4	511.5	383.6	255.8	127.9	0
			Y	1019.9	817.9	647.4	504.2	384.6	285.4	204.0	138.4	86.9	48.1	21.2	5.3	0
		拱腹线	X	1500.0	1406.7	1278.8	1150.9	1023.1	895.2	767.3	639.4	511.5	383.6	255.8	127.9	0
			Y'	1040.0	888.5	710.6	561.5	437.2	334.4	250.1	182.4	129.3	89.4	61.8	45.4	40.0
	1/4		φ	50°51'	46°31'	42°03'	37°29'	32°55'	28°24'	24°00'	19°42'	15°32'	11°31'	7°37'	3°47'	0
		拱轴线	X	1531.0	1403.4	1275.8	1148.2	1020.7	893.1	765.5	637.9	510.3	382.7	255.2	127.6	0
			Y	764.7	619.5	495.0	388.8	298.8	223.3	160.6	109.5	69.1	38.4	16.9	4.2	0
		拱腹线	X	1500.0	1403.4	1275.8	1148.2	1020.7	893.1	765.5	637.9	510.3	382.7	255.2	127.6	0
			Y'	790.0	677.6	548.9	439.2	346.4	268.8	204.4	152.0	110.6	79.2	57.3	44.3	40.0
	1/5		φ	44°31'	40°10'	35°49'	31°42'	27°22'	23°24'	19°36'	15°59'	12°32'	9°15'	6°08'	3°01'	0
		拱轴线	X	1528.1	1400.7	1273.4	1146.0	1018.7	891.4	764.0	636.7	509.4	382.0	254.7	127.4	0
			Y	611.5	495.4	395.8	310.9	239.4	178.6	128.4	87.6	55.2	30.7	13.5	3.4	0
		拱腹线	X	1500.0	1400.7	1273.4	1146.0	1018.7	891.4	764.0	636.7	509.4	382.0	254.7	127.4	0
			Y'	640.0	547.7	445.1	357.9	284.0	222.2	170.9	129.2	96.2	71.3	53.7	43.5	40.0
	1/6		φ	37°55'	34°12'	30°31'	26°58'	23°31'	20°12'	17°02'	13°57'	11°00'	8°09'	5°24'	2°41'	0
		拱轴线	X	1524.6	1397.6	1270.5	1143.5	1016.4	889.4	762.3	635.3	508.2	381.1	254.1	127.1	0
			Y	508.4	415.9	335.3	265.3	205.6	154.7	111.8	76.7	48.6	27.0	11.9	3.1	0
		拱腹线	X	1500.0	1397.6	1270.5	1143.5	1016.4	889.4	762.3	635.3	508.2	381.1	254.1	127.1	0
			Y'	540.0	464.3	381.7	310.4	249.2	197.3	153.6	117.9	89.3	67.4	52.1	43.1	40.0
40	1/3		φ	59°51'	55°30'	50°46'	45°45'	40°33'	35°12'	29°50'	24°34'	19°26'	14°24'	9°31'	4°44'	0
		拱轴线	X	2038.9	1869.0	1699.1	1529.3	1359.3	1189.4	1019.4	849.5	679.6	509.7	339.8	169.9	0
			Y	1355.7	1087.1	860.6	670.3	511.2	379.2	271.1	184.0	115.5	64.0	28.2	7.0	0
		拱腹线	X	2000.0	1869.0	1699.1	1529.2	1359.3	1189.4	1019.4	849.5	679.6	509.7	339.8	169.9	0
			Y'	1378.3	1166.6	931.8	734.8	570.5	434.4	323.0	233.5	163.2	110.5	73.8	52.1	45.0
	1/4		φ	50°51'	46°31'	42°03'	37°29'	32°55'	28°24'	24°00'	19°42'	15°32'	11°31'	7°37'	3°47'	0
		拱轴线	X	2034.9	1865.3	1695.8	1526.2	1356.6	1187.0	1017.5	847.9	678.3	508.7	339.2	169.6	0
			Y	1016.6	823.5	658.0	516.9	397.3	296.3	213.2	145.6	91.8	51.0	22.5	5.6	0
		拱腹线	X	2000.0	1865.3	1695.8	1526.2	1356.6	1187.0	1017.5	847.9	678.3	508.7	339.2	169.6	0
			Y'	1045.0	888.9	718.6	573.6	450.9	347.9	262.7	193.4	138.1	96.9	67.9	50.7	45.0
	1/5		φ	44°31'	40°10'	35°49'	31°42'	27°22'	23°24'	19°36'	15°59'	12°32'	9°15'	6°08'	3°01'	0
		拱轴线	X	2031.6	1862.3	1693.0	1523.7	1354.4	1185.1	1015.8	846.5	677.2	507.9	338.6	169.3	0
			Y	812.9	658.5	526.2	413.4	317.7	237.4	170.7	116.4	73.3	40.8	18.0	4.5	0
		拱腹线	X	2000.0	1862.3	1693.0	1523.7	1354.4	1185.1	1015.8	846.5	677.2	507.9	338.6	169.3	0
			Y'	845.0	717.4	581.7	466.3	368.8	286.4	218.2	163.2	119.5	86.4	63.3	49.6	45.0
	1/6		φ	37°55'	34°12'	30°31'	26°58'	23°31'	20°12'	17°02'	13°57'	11°00'	8°09'	5°24'	2°41'	0
		拱轴线	X	2027.7	1858.7	1689.7	1520.7	1351.8	1182.8	1013.8	844.9	675.9	506.9	337.9	169.0	0
			Y	676.2	553.1	446.0	353.2	273.5	205.7	148.8	102.0	64.6	36.0	15.9	4.1	0
		拱腹线	X	2000.0	1858.7	1689.7	1520.7	1351.8	1182.8	1013.8	844.9	675.9	506.9	337.9	169.0	0
			Y'	711.7	607.5	498.2	403.7	322.6	253.6	195.8	148.3	110.4	81.4	61.1	49.2	45.0

附注：1. 表列座标值以拱轴线上截面号12为原点。
2. 表列0号截面拱腹线座标为起拱点0'的座标值。
3. 表列座标值未考虑施工预拱度。
4. 表列尺寸除跨径以米计外，其余均以厘米计。

石拱桥

汽车-20级，挂车-100

跨径：25，30，40，50，60米；矢跨比：1/3，1/4，1/5，1/6

拱圈座标（二）

净——7

图号 5

拱圈座标（三）

L_0	$\frac{f_0}{L_0}$	截面编号		0	1	2	3	4	5	6	7	8	9	10	11	12
50	1/3	拱轴线	φ	59°51'	55°30'	50°46'	45°45'	40°33'	35°12'	29°50'	24°34'	19°26'	14°24'	9°31'	4°44'	0
			X	2543.3	2331.3	2119.4	1907.5	1695.5	1483.6	1271.6	1059.7	847.8	635.8	423.9	211.9	0
			Y	1691.6	1356.5	1073.8	836.3	637.9	473.4	338.3	229.6	144.1	79.8	35.2	8.8	0
		拱腹线	X	2500.0	2331.3	2119.4	1907.5	1695.5	1483.6	1271.6	1059.7	847.8	635.8	423.9	211.9	0
			Y'	1716.7	1444.8	1152.9	908.0	703.7	534.5	395.9	284.6	197.1	131.4	85.9	59.0	50.0
	1/4	拱轴线	φ	50°51'	46°31'	42°03'	37°29'	32°55'	28°24'	24°00'	19°42'	15°32'	11°31'	7°37'	3°47'	0
			X	2538.8	2327.3	2115.7	1904.1	1692.6	1481.0	1269.4	1057.9	846.3	634.7	423.1	211.6	0
			Y	1268.4	1027.5	821.0	645.0	495.7	370.4	266.4	181.6	114.5	63.7	28.0	7.0	0
		拱腹线	X	2500.0	2327.3	2115.7	1904.1	1692.6	1481.0	1269.4	1057.9	846.3	634.7	423.1	211.6	0
			Y'	1300.0	1100.2	888.3	708.0	555.3	427.2	321.1	234.7	166.4	114.7	78.4	57.1	50.0
	1/5	拱轴线	φ	44°31'	40°10'	35°49'	31°42'	27°22'	23°24'	19°36'	15°59'	12°32'	9°15'	6°08'	3°01'	0
			X	2535.0	2323.8	2112.5	1901.3	1690.0	1478.8	1267.5	1056.3	845.0	633.8	422.5	211.3	0
			Y	1014.3	821.7	656.6	515.8	396.4	296.2	213.0	145.2	91.6	50.9	22.4	5.6	0
		拱腹线	X	2500.0	2323.8	2112.5	1901.3	1690.0	1478.8	1267.5	1056.3	845.0	633.8	422.5	211.3	0
			Y'	1050.0	887.1	718.3	574.6	452.7	350.7	266.1	197.2	142.8	101.6	72.7	55.7	50.0
	1/6	拱轴线	φ	37°55'	34°12'	30°31'	26°58'	23°31'	20°12'	17°02'	13°57'	11°00'	8°09'	5°24'	2°41'	0
			X	2530.1	2319.8	2108.9	1898.0	1687.1	1476.2	1265.3	1054.5	843.6	632.7	421.8	210.9	0
			Y	844.0	690.4	556.6	440.8	341.3	256.7	185.7	127.3	80.6	44.9	19.8	5.1	0
		拱腹线	X	2500.0	2319.8	2108.9	1898.0	1687.1	1476.2	1265.3	1054.5	843.6	632.7	421.8	210.9	0
			Y'	883.4	750.9	614.6	496.9	395.8	310.0	238.0	178.8	131.5	95.4	70.0	55.2	50.0
60	1/3	拱轴线	φ	59°51'	55°30'	50°46'	45°45'	40°33'	35°12'	29°50'	24°34'	19°26'	14°24'	9°31'	4°44'	0
			X	3051.9	2797.6	2543.3	2288.9	2034.6	1780.3	1526.0	1271.6	1017.3	763.0	508.7	254.3	0
			Y	2029.9	1627.8	1288.6	1003.6	765.5	568.0	406.0	275.5	172.9	95.8	42.2	10.6	0
		拱腹线	X	3000.0	2797.6	2543.3	2288.9	2034.6	1780.3	1526.0	1271.6	1017.3	763.0	508.7	254.3	0
			Y'	2060.0	1733.7	1383.5	1089.6	844.5	641.4	475.2	341.5	236.5	157.7	103.0	70.8	60.0
	1/4	拱轴线	φ	50°51'	46°31'	42°03'	37°29'	32°55'	28°24'	24°00'	19°42'	15°32'	11°31'	7°37'	3°47'	0
			X	3046.6	2792.7	2538.8	2284.9	2031.0	1777.2	1523.3	1269.4	1015.5	761.6	507.8	253.9	0
			Y	1522.1	1233.1	985.3	774.0	594.8	444.6	319.6	218.0	137.4	76.4	33.6	8.4	0
		拱腹线	X	3000.0	2792.7	2538.8	2284.9	2031.0	1777.2	1523.3	1269.4	1015.5	761.6	507.8	253.9	0
			Y'	1560.0	1320.3	1066.1	849.6	666.3	512.7	385.3	281.7	199.7	137.6	94.1	68.5	60.0
	1/5	拱轴线	φ	44°31'	40°10'	35°49'	31°42'	27°22'	23°24'	19°36'	15°59'	12°32'	9°15'	6°08'	3°01'	0
			X	3042.1	2788.5	2535.0	2281.5	2028.0	1774.5	1521.0	1267.5	1014.0	760.5	507.0	253.5	0
			Y	1217.2	986.1	787.9	618.9	475.7	355.4	255.6	174.3	109.9	61.1	26.9	6.7	0
		拱腹线	X	3000.0	2788.5	2535.0	2281.5	2028.0	1774.5	1521.0	1267.5	1014.0	760.5	507.0	253.5	0
			Y'	1260.0	1064.6	861.9	689.4	543.3	420.8	319.5	236.7	171.4	121.9	87.2	66.8	60.0
	1/6	拱轴线	φ	37°55'	34°12'	30°31'	26°58'	23°31'	20°12'	17°02'	13°57'	11°00'	8°09'	5°24'	2°41'	0
			X	3036.1	2783.8	2530.7	2277.6	2024.6	1771.5	1518.4	1265.4	1012.3	759.2	506.1	253.1	0
			Y	1012.6	828.4	667.9	528.9	409.5	308.1	222.8	152.7	96.7	53.9	23.8	6.1	0
		拱腹线	X	3000.0	2783.8	2530.7	2277.6	2024.6	1771.5	1518.4	1265.4	1012.3	759.2	506.1	253.1	0
			Y'	1060.0	900.9	737.5	596.6	474.9	372.0	285.6	214.5	157.8	114.5	84.1	66.2	60.0

附注：1. 表列座标值以拱轴线上截面号12为原点。
2. 表列0号截面拱腹线座标为起拱点0'的座标值。
3. 表列座标值未考虑施工预拱度。
4. 表列尺寸除跨径以米计外，其余均以厘米计。

石拱桥

汽车—20级，挂车—100

跨径：25，30，40，50，60米 矢跨比：1/3，1/4，1/5，1/6

拱圈座标（三）

净—7

图号 6

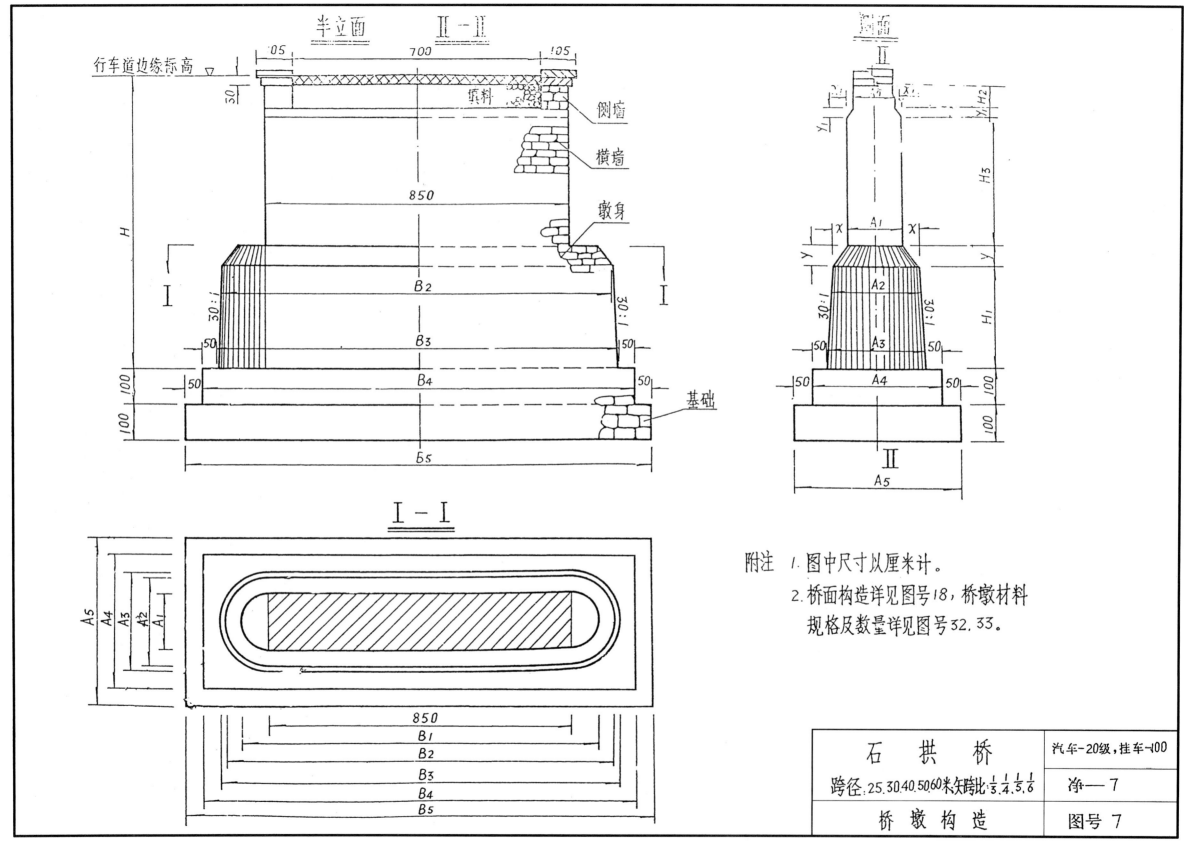

L_0	$\frac{f_0}{L_0}$	H	H_1	H_2	H_3	A_0	A_1	A_2	A_3	A_4	A_5	B_1	B_2	B_3	B_4	B_5	x	y	x_1	y_1
25	1/3	1400	467	118	738	72	128	250	281	381	481	978	1100	1131	1231	1331	61	35	28	12
		1600	667	118	738	72	128	250	294	394	494	978	1100	1144	1244	1344	61	35	28	12
		1800	867	118	738	72	128	250	308	408	508	978	1100	1158	1258	1358	61	35	28	12
		2000	1067	118	738	72	128	250	321	421	521	978	1100	1171	1271	1371	61	35	28	12
	1/4	1200	475	87	546	94	142	250	282	382	482	992	1100	1132	1232	1332	54	44	24	18
		1400	675	87	546	94	142	250	295	395	495	992	1100	1145	1245	1345	54	44	24	18
		1600	875	87	546	94	142	250	308	408	508	992	1100	1158	1258	1358	54	44	24	18
		1800	1075	87	546	94	142	250	322	422	522	992	1100	1172	1272	1372	54	44	24	18
	1/5	1000	400	68	430	110	152	250	277	377	477	1002	1100	1127	1227	1327	49	50	21	22
		1200	600	68	430	110	152	250	290	390	490	1002	1100	1140	1240	1340	49	50	21	22
		1400	800	68	430	110	152	250	303	403	503	1002	1100	1153	1253	1353	49	50	21	22
		1600	1000	68	430	110	152	250	317	417	517	1002	1100	1167	1267	1367	49	50	21	22
	1/6	800	283	56	352	128	164	250	269	369	469	1014	1100	1119	1219	1319	43	55	18	24
		1000	483	56	352	128	164	250	282	382	482	1014	1100	1132	1232	1332	43	55	18	24
		1200	683	56	352	128	164	250	296	396	496	1014	1100	1146	1246	1346	43	55	18	24
		1400	883	56	352	128	164	250	309	409	509	1014	1100	1159	1259	1359	43	55	18	24
30	1/3	1600	490	138	888	98	162	300	333	433	533	1012	1150	1183	1283	1383	69	40	32	14
		1800	690	138	888	98	162	300	346	446	546	1012	1150	1196	1296	1396	69	40	32	14
		2000	890	138	888	98	162	300	359	459	559	1012	1150	1209	1309	1409	69	40	32	14
		2200	1090	138	888	98	162	300	373	473	573	1012	1150	1223	1323	1423	69	40	32	14
	1/4	1400	540	102	657	120	176	300	336	436	536	1026	1150	1186	1286	1386	62	50	28	21
		1600	740	102	657	120	176	300	349	449	549	1026	1150	1199	1299	1399	62	50	28	21
		1800	940	102	657	120	176	300	363	463	563	1026	1150	1213	1313	1413	62	50	28	21
		2000	1140	102	657	120	176	300	376	476	576	1026	1150	1226	1326	1426	62	50	28	21
	1/5	1200	490	80	518	140	188	300	333	433	533	1038	1150	1183	1283	1383	56	57	24	25
		1400	690	80	518	140	188	300	346	446	546	1038	1150	1196	1296	1396	56	57	24	25
		1600	890	80	518	140	188	300	359	459	559	1038	1150	1209	1309	1409	56	57	24	25
		1800	1090	80	518	140	188	300	373	473	573	1038	1150	1223	1323	1423	56	57	24	25
	1/6	1000	390	65	424	160	202	300	326	426	526	1052	1150	1176	1276	1376	49	63	21	28
		1200	590	65	424	160	202	300	339	439	539	1052	1150	1189	1289	1389	49	63	21	28
		1400	790	65	424	160	202	300	353	453	553	1052	1150	1203	1303	1403	49	63	21	28
		1600	990	65	424	160	202	300	366	466	566	1052	1150	1216	1316	1416	49	63	21	28

附注：1. 表列尺寸除跨径以米计外，其余均以厘米计。
2. 桥墩设计未考虑承受上部构造或裸拱状态的恒载单向推力情况。

石拱桥　汽车—20级、挂车—100
跨径：25、30、40、50、60米；矢跨比：1/3、1/4、1/5、1/6
桥墩尺寸表（一）　图号 8

L_0	f_0/L_0	H	H_1	H_2	H_3	A_0	A_1	A_2	A_3	A_4	A_5	B_1	B_2	B_3	B_4	B_5	x	y	x_1	y_1
40	1/3	2000	547	138	1226	130	194	350	386	486	586	1044	1200	1236	1336	1436	78	45	32	14
		2200	747	138	1226	130	194	350	400	500	600	1044	1200	1250	1350	1450	78	45	32	14
		2400	947	138	1226	130	194	350	413	513	613	1044	1200	1263	1363	1463	78	45	32	14
		2600	1147	138	1226	130	194	350	426	526	626	1044	1200	1276	1376	1476	78	45	32	14
	1/4	1600	480	102	910	154	210	350	382	482	582	1060	1200	1232	1332	1432	70	57	28	21
		1800	680	102	910	154	210	350	395	495	595	1060	1200	1245	1345	1445	70	57	28	21
		2000	880	102	910	154	210	350	409	509	609	1060	1200	1259	1359	1459	70	57	28	21
		2200	1080	102	910	154	210	350	422	522	622	1060	1200	1272	1372	1472	70	57	28	21
	1/5	1400	480	68	736	182	224	350	382	482	582	1074	1200	1232	1332	1432	63	64	21	22
		1600	680	68	736	182	224	350	395	495	595	1074	1200	1245	1345	1445	63	64	21	22
		1800	880	68	736	182	224	350	409	509	609	1074	1200	1259	1359	1459	63	64	21	22
		2000	1080	68	736	182	224	350	422	522	622	1074	1200	1272	1372	1472	63	64	21	22
	1/6	1200	413	56	606	204	240	350	378	478	578	1090	1200	1228	1328	1428	55	71	18	24
		1400	613	56	606	204	240	350	391	491	591	1090	1200	1241	1341	1441	55	71	18	24
		1600	813	56	606	204	240	350	404	504	604	1090	1200	1254	1354	1454	55	71	18	24
		1800	1013	56	606	204	240	350	418	518	618	1090	1200	1268	1368	1468	55	71	18	24
50	1/3	2400	603	175	1527	152	226	400	440	540	640	1076	1250	1290	1390	1490	87	50	37	15
		2600	803	175	1527	152	226	400	454	554	654	1076	1250	1304	1404	1504	87	50	37	15
		2800	1003	175	1527	152	226	400	467	567	667	1076	1250	1317	1417	1517	87	50	37	15
		3000	1203	175	1527	152	226	400	480	580	680	1076	1250	1330	1430	1530	87	50	37	15
	1/4	1800	420	129	1134	180	244	400	428	528	628	1094	1250	1278	1378	1478	78	63	32	24
		2000	620	129	1134	180	244	400	441	541	641	1094	1250	1291	1391	1491	78	63	32	24
		2200	820	129	1134	180	244	400	455	555	655	1094	1250	1305	1405	1505	78	63	32	24
		2400	1020	129	1134	180	244	400	468	568	668	1094	1250	1318	1418	1518	78	63	32	24

附注 1.表列尺寸除跨径以米计外，其余均以厘米计。
2.桥墩设计未考虑承受上部构造或裸拱状态的恒载单向推力情况。

石拱桥

汽车—20级，挂车—100

跨径：25,30,40,50,60米；矢跨比：1/3,1/4,1/5,1/6 冶—7

桥墩尺寸表（二） 图号 9

L_0	f_0/L_0	H	H_1	H_2	H_3	A_0	A_1	A_2	A_3	A_4	A_5	B_1	B_2	B_3	B_4	B_5	x	y	x_1	y_1
50	1/5	1600	470	90	914	212	260	400	431	531	631	1110	1250	1281	1381	1481	70	71	24	25
		1800	670	90	914	212	260	400	445	545	645	1110	1250	1295	1395	1495	70	71	24	25
		2000	870	90	914	212	260	400	458	558	658	1110	1250	1308	1408	1508	70	71	24	25
		2200	1070	90	914	212	260	400	471	571	671	1110	1250	1321	1421	1521	70	71	24	25
	1/6	1400	437	74	752	234	276	400	429	529	629	1126	1250	1279	1379	1479	62	79	21	28
		1600	637	74	752	234	276	400	442	542	642	1126	1250	1292	1392	1492	62	79	21	28
		1800	837	74	752	234	276	400	456	556	656	1126	1250	1306	1406	1506	62	79	21	28
		2000	1037	74	752	234	276	400	469	569	669	1126	1250	1319	1419	1519	62	79	21	28
60	1/3	2800	650	192	1853	168	242	450	493	593	693	1092	1300	1343	1443	1543	104	60	37	15
		3000	850	192	1853	168	242	450	507	607	707	1092	1300	1357	1457	1557	104	60	37	15
		3200	1050	192	1853	168	242	450	520	620	720	1092	1300	1370	1470	1570	104	60	37	15
		3400	1250	192	1853	168	242	450	533	633	733	1092	1300	1383	1483	1583	104	60	37	15
	1/4	2200	550	141	1379	200	264	450	487	587	687	1114	1300	1337	1437	1537	93	76	32	24
		2400	750	141	1379	200	264	450	500	600	700	1114	1300	1350	1450	1550	93	76	32	24
		2600	950	141	1379	200	264	450	513	613	713	1114	1300	1363	1463	1563	93	76	32	24
		2800	1150	141	1379	200	264	450	527	627	727	1114	1300	1377	1477	1577	93	76	32	24
	1/5	1800	450	111	1094	226	282	450	480	580	680	1132	1300	1330	1430	1530	84	86	28	29
		2000	650	111	1094	226	282	450	493	593	693	1132	1300	1343	1443	1543	84	86	28	29
		2200	850	111	1094	226	282	450	507	607	707	1132	1300	1357	1457	1557	84	86	28	29
		2400	1050	111	1094	226	282	450	520	620	720	1132	1300	1370	1470	1570	84	86	28	29
	1/6	1600	450	91	902	254	302	450	480	580	680	1152	1300	1330	1430	1530	74	95	24	32
		1800	650	91	902	254	302	450	493	593	693	1152	1300	1343	1443	1543	74	95	24	32
		2000	850	91	902	254	302	450	507	607	707	1152	1300	1357	1457	1557	74	95	24	32
		2200	1050	91	902	254	302	450	520	620	720	1152	1300	1370	1470	1570	74	95	24	32

附注 1. 表列尺寸除跨径以米计外，其余均以厘米计。
2. 桥墩设计未考虑承受上部构造或裸拱状态的恒载单向推力情况。

石拱桥

汽车-20级，挂车-100

跨径：25、30、40、50、60米；矢跨比：1/3、1/4、1/5、1/6

桥墩尺寸表（三）

净——7

图号 10

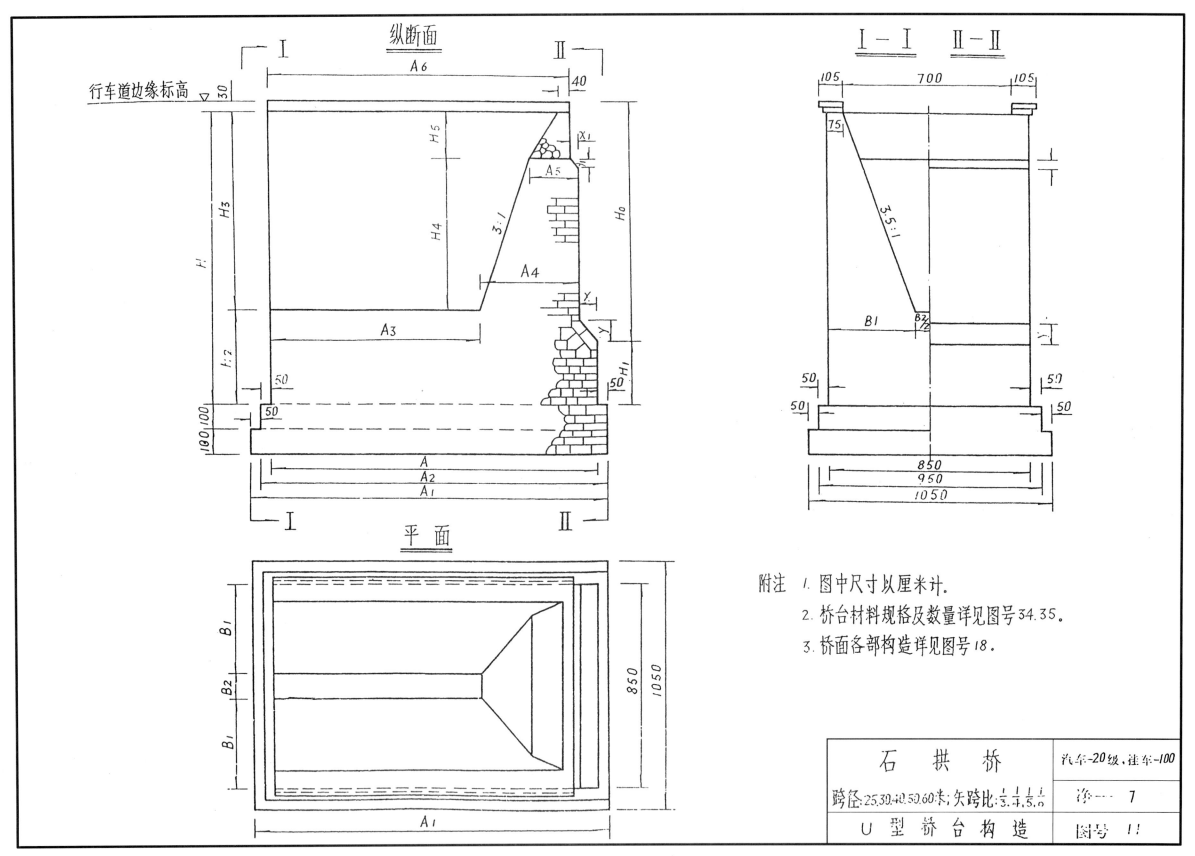

L_0	f_0/L_0	H	H_0	H_1	H_2	H_3	H_4	H_5	A	A_1	A_2	A_3	A_4	A_5	A_6	B_1	B_2	x	y	x_1	y_1
25	1/3	1200	933	267	0	1170	1052	118	900	1050	1000	408	431	80	811	409	32	61	35	28	12
		1400	933	467	170	1200	1082	118	1000	1150	1100	498	441	80	911	418	14	61	35	28	12
		1600	933	667	370	1200	1082	118	1100	1250	1200	598	441	80	1011	418	14	61	35	28	12
		1800	933	867	570	1200	1082	118	1200	1350	1300	698	441	80	1111	418	14	61	35	28	12
	1/4	1000	725	275	0	970	883	87	800	950	900	372	374	80	722	352	146	54	44	24	18
		1200	725	475	0	1170	1083	87	900	1050	1000	405	441	80	822	409	32	54	44	24	18
		1400	725	675	170	1200	1113	87	1000	1150	1100	495	451	80	922	418	14	54	44	24	18
		1600	725	875	370	1200	1113	87	1100	1250	1200	595	451	80	1022	418	14	54	44	24	18
	1/5	800	600	200	0	770	702	68	800	950	900	427	324	90	730	295	260	49	50	21	22
		1000	600	400	0	970	902	68	900	1050	1000	460	391	90	830	352	146	49	50	21	22
		1200	600	600	0	1170	1102	68	1000	1150	1100	494	457	90	930	409	32	49	50	21	22
		1400	600	800	170	1200	1132	68	1100	1250	1200	584	467	90	1030	418	14	49	50	21	22
	1/6	800	517	283	0	770	714	56	1200	1350	1300	809	348	110	1139	295	260	43	55	18	24
		1000	517	483	0	970	914	56	1200	1350	1300	742	415	110	1139	352	146	43	55	18	24
		1200	517	683	0	1170	1114	56	1400	1550	1500	876	481	110	1339	409	32	43	55	18	24
		1400	517	883	170	1200	1144	56	1400	1550	1500	866	491	110	1339	418	14	43	55	18	24
30	1/3	1400	1110	290	170	1200	1062	138	1000	1150	1100	497	434	80	899	418	14	69	40	32	14
		1600	1110	490	370	1200	1062	138	1100	1250	1200	597	434	80	999	418	14	69	40	32	14
		1800	1110	690	570	1200	1062	138	1200	1350	1300	697	434	80	1099	418	14	69	40	32	14
		2000	1110	890	770	1200	1062	138	1300	1450	1400	797	434	80	1199	418	14	69	40	32	14
	1/4	1200	860	340	0	1170	1068	102	900	1050	1000	402	436	80	810	409	32	62	50	28	21
		1400	860	540	170	1200	1098	102	1000	1150	1100	492	446	80	910	418	14	62	50	28	21
		1600	860	740	370	1200	1098	102	1100	1250	1200	592	446	80	1010	418	14	62	50	28	21
		1800	860	940	570	1200	1098	102	1200	1350	1300	692	446	80	1110	418	14	62	50	28	21
	1/5	1000	710	290	0	970	890	80	900	1050	1000	447	397	100	820	352	146	56	57	24	25
		1200	710	490	0	1170	1090	80	1000	1150	1100	481	463	100	920	409	32	56	57	24	25
		1400	710	690	170	1200	1120	80	1100	1250	1200	571	473	100	1020	418	14	56	57	24	25
		1600	710	890	370	1200	1120	80	1200	1350	1300	671	473	100	1120	418	14	56	57	24	25
	1/6	800	610	190	0	770	705	65	1400	1550	1500	996	355	120	1330	295	260	49	63	21	28
		1000	610	390	0	970	905	65	1400	1550	1500	929	422	120	1330	352	146	49	63	21	28
		1200	610	590	0	1170	1105	65	1400	1550	1500	863	488	120	1330	409	32	49	63	21	28
		1400	610	790	170	1200	1135	65	1500	1650	1600	953	498	120	1430	418	14	49	63	21	28

附注　表列尺寸除跨径以米计外，其余均以厘米计。

石 拱 桥

汽车-20级，挂车-100

跨径：25、30、40、50、60米；矢跨比：1/3、1/4、1/5、1/6

U型桥台尺寸表(一)

图号 12

L_0	f_0/L_0	H	H_0	H_1	H_2	H_3	H_4	H_5	A	A_1	A_2	A_3	A_4	A_5	A_6	B_1	B_2	x	y	x_1	y_1
40	1/3	1600	1453	147	370	1200	1062	138	1000	1150	1100	488	434	80	890	418	14	78	45	32	14
		1800	1453	347	570	1200	1062	138	1200	1350	1300	688	434	80	1090	418	14	78	45	32	14
		2000	1453	547	770	1200	1062	138	1300	1450	1400	788	434	80	1190	418	14	78	45	32	14
		2200	1453	747	970	1200	1062	138	1400	1550	1500	888	434	80	1290	418	14	78	45	32	14
	1/4	1400	1120	280	170	1200	1098	102	1000	1150	1100	484	446	80	902	418	14	70	57	28	21
		1600	1120	480	370	1200	1098	102	1100	1250	1200	584	446	80	1002	418	14	70	57	28	21
		1800	1120	680	570	1200	1098	102	1200	1350	1300	684	446	80	1102	418	14	70	57	28	21
		2000	1120	880	770	1200	1098	102	1300	1450	1400	784	446	80	1202	418	14	70	57	28	21
	1/5	1200	920	280	0	1170	1102	68	1000	1150	1100	480	457	90	916	409	32	63	64	21	22
		1400	920	480	170	1200	1132	68	1000	1150	1100	470	467	90	916	418	14	63	64	21	22
		1600	920	680	370	1200	1132	68	1200	1350	1300	670	467	90	1116	418	14	63	64	21	22
		1800	920	880	570	1200	1132	68	1200	1350	1300	670	467	90	1116	418	14	63	64	21	22
	1/6	1000	787	213	0	970	914	56	1500	1650	1600	1030	415	110	1427	352	146	55	71	18	24
		1200	787	413	0	1170	1114	56	1500	1650	1600	964	481	110	1427	409	32	55	71	18	24
		1400	787	613	170	1200	1144	56	1500	1650	1600	954	491	110	1427	418	14	55	71	18	24
		1600	787	813	370	1200	1144	56	1600	1750	1700	1054	491	110	1527	418	14	55	71	18	24
50	1/3	2000	1797	203	770	1200	1025	175	1400	1550	1500	881	432	90	1276	418	14	87	50	37	15
		2200	1797	403	970	1200	1025	175	1600	1750	1700	1081	432	90	1476	418	14	87	50	37	15
		2400	1797	603	1170	1200	1025	175	1800	1950	1900	1281	432	90	1676	418	14	87	50	37	15
		2600	1797	803	1370	1200	1025	175	2000	2150	2100	1481	432	90	1876	418	14	87	50	37	15
	1/4	1600	1380	220	370	1200	1071	129	1100	1250	1200	555	467	110	990	418	14	78	63	32	24
		1800	1380	420	570	1200	1071	129	1200	1350	1300	655	467	110	1090	418	14	78	63	32	24
		2000	1380	620	770	1200	1071	129	1300	1450	1400	755	467	110	1190	418	14	78	63	32	24
		2200	1380	820	970	1200	1071	129	1400	1550	1500	855	467	110	1290	418	14	78	63	32	24

附注：表列尺寸除跨径以米计外，其余均以厘米计。

石拱桥

跨径：25、30、40、50、60米；矢跨比：1/3、1/4、1/5、1/6

汽车—20级，挂车—100

净—7

U型桥台尺寸表（二）

图号 13

L_0	$\frac{f_0}{L_0}$	H	H_0	H_1	H_2	H_3	H_4	H_5	A	A_1	A_2	A_3	A_4	A_5	A_6	B_1	B_2	X	y	X_1	y_1
50	$\frac{1}{5}$	1400	1130	270	170	1200	1110	90	1200	1350	1300	640	490	120	1106	418	14	70	71	24	25
		1600	1130	470	370	1200	1110	90	1200	1350	1300	640	490	120	1106	418	14	70	71	24	25
		1800	1130	670	570	1200	1110	90	1200	1350	1300	640	490	120	1106	418	14	70	71	24	25
		2000	1130	870	770	1200	1110	90	1400	1650	1500	840	490	120	1306	418	14	70	71	24	25
	$\frac{1}{6}$	1200	963	237	0	1170	1096	74	1600	1750	1700	1033	505	140	1517	409	32	62	79	21	28
		1400	963	437	170	1200	1126	74	1600	1750	1700	1023	515	140	1517	418	14	62	79	21	28
		1600	963	637	370	1200	1126	74	1600	1750	1700	1023	515	140	1517	418	14	62	79	21	28
		1800	963	837	570	1200	1126	74	1700	1850	1800	1123	515	140	1617	418	14	62	79	21	28
60	$\frac{1}{3}$	2400	2150	250	1170	1200	1009	191	2000	2150	2100	1460	436	100	1859	418	14	104	60	37	15
		2600	2150	450	1370	1200	1009	191	2200	2350	2300	1660	436	100	2059	418	14	104	60	37	15
		2800	2150	650	1570	1200	1009	191	2400	2550	2500	1860	436	100	2259	418	14	104	60	37	15
		3000	2150	850	1770	1200	1009	191	2600	2750	2700	2060	436	100	2459	418	14	104	60	37	15
	$\frac{1}{4}$	2000	1650	350	770	1200	1059	141	1400	1550	1500	834	473	120	1275	418	14	93	76	32	24
		2200	1650	550	970	1200	1059	141	1600	1750	1700	1034	473	120	1475	418	14	93	76	32	24
		2400	1650	750	1170	1200	1059	141	1800	1950	1900	1234	473	120	1675	418	14	93	76	32	24
		2600	1650	950	1370	1200	1059	141	2000	2150	2100	1434	473	120	1875	418	14	93	76	32	24
	$\frac{1}{5}$	1600	1350	250	370	1200	1089	111	1400	1550	1500	803	513	150	1288	418	14	84	86	28	29
		1800	1350	450	570	1200	1089	111	1400	1550	1500	803	513	150	1288	418	14	84	86	28	29
		2000	1350	650	770	1200	1089	111	1400	1550	1500	803	513	150	1288	418	14	84	86	28	29
		2200	1350	850	970	1200	1089	111	1600	1750	1700	1003	513	150	1488	418	14	84	86	28	29
	$\frac{1}{6}$	1400	1150	250	170	1200	1109	91	1800	1950	1900	1186	540	170	1702	418	14	74	95	24	32
		1600	1150	450	370	1200	1109	91	1800	1950	1900	1186	540	170	1702	418	14	74	95	24	32
		1800	1150	650	570	1200	1109	91	1800	1950	1900	1186	540	170	1702	418	14	74	95	24	32
		2000	1150	850	770	1200	1109	91	2000	2150	2100	1386	540	170	1903	418	14	74	95	24	32

附注 表列尺寸除跨径以米计外，其余均以厘米计。

石 拱 桥
跨径：25,30,40,50,60米；矢跨比：1/3,1/4,1/5,1/6
汽车-20级，挂车-100
净—7
U型桥台尺寸表(三)
图号 14

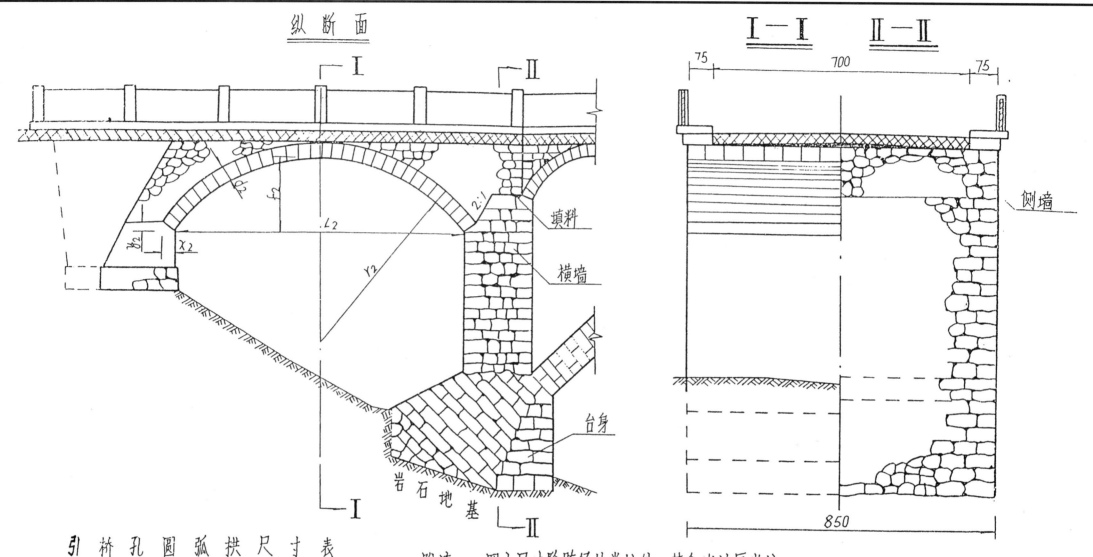

引桥孔圆弧拱尺寸表

L_0	$\frac{f_0}{L_0}$	L_2	$\frac{f_2}{L_2}$	f_2	d_2	r_2	x_2	y_2
25.30	$\frac{1}{3}$	6	$\frac{1}{3}$	200	40	325	37	15
	$\frac{1}{4},\frac{1}{5},\frac{1}{6}$		$\frac{1}{4}$	150		375	32	24
40	$\frac{1}{3}$	8	$\frac{1}{3}$	267	40	433	37	15
	$\frac{1}{4},\frac{1}{5},\frac{1}{6}$		$\frac{1}{4}$	200		500	32	24
50	$\frac{1}{3}$	10	$\frac{1}{3}$	330	45	542	42	17
	$\frac{1}{4},\frac{1}{5},\frac{1}{6}$		$\frac{1}{4}$	250		625	36	27
60	$\frac{1}{3}$	13	$\frac{1}{3}$	433	50	704	46	19
	$\frac{1}{4},\frac{1}{5},\frac{1}{6}$		$\frac{1}{4}$	325		813	40	30

附注
1. 图中尺寸除跨径以米计外，其余均以厘米计。
2. 引桥式桥台按岩石地基设计。
3. 台身前部要求水平分层砌筑。台身的其余部分（任一水平截面不小于A_2）必须保证大致平行于拱脚断面的斜面分层砌筑。
4. 引桥孔靠岸一端的桥台可参照公路桥涵标准图（JT/GQB018-73）有关指标的构造尺寸或根据具体情况另行设计。
5. 引桥上部构造应保证拱圈范围内拱上填料的对称性。

石 拱 桥

汽车-20级，挂车-100

跨径：25.30.40.50.60米；矢跨比 $\frac{1}{3},\frac{1}{4},\frac{1}{5},\frac{1}{6}$

引桥式桥台构造 图号 15

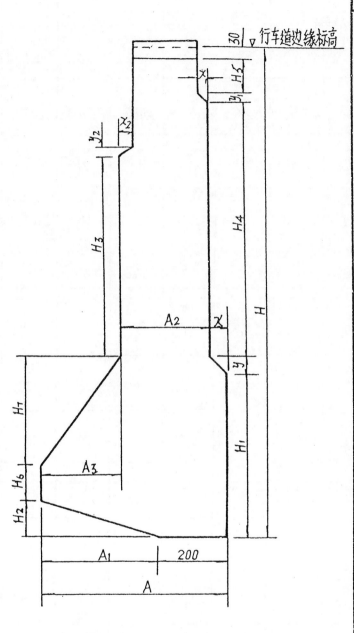

L_0	f_0/L_0	H	A	A_1	H_1	H_2	H_7	A_3	H_6	x	y	A_2	H_3	H_4	x_2	y_2	H_5	x_1	y_1
25	1/3	1200	311	111	267	33	219	0	50	61	35	250	628	738	37	15	118	28	12
		1400	330	130	467	39	413	19											
		1600	380	180	667	54	598	69											
		1800	430	230	867	69	783	119											
	1/4	800	304	104	75	31	38	0	50	54	44	250	461	546	32	24	87	24	18
		1000	304	104	275	31	238	0											
		1200	400	200	475	60	409	96											
		1400	460	260	675	78	591	156											
	1/5	800	299	99	200	30	170	0	50	49	50	250	330	430	32	24	68	21	22
		1000	430	230	400	69	331	131											
		1200	530	330	600	99	501	231											
		1400	630	430	800	129	671	331											
	1/6	600	295	93	83	28	60	0	50	43	55	250	242	352	32	24	56	18	24
		800	440	240	283	72	216	147											
		1000	580	380	483	114	374	287											
		1200	680	480	683	144	544	387											
30	1/3	1200	319	119	90	36	44	0	50	69	40	250	800	888	37	15	138	32	14
		1400	319	119	290	36	244	0											
		1600	360	160	490	48	432	41											
		1800	420	220	690	66	614	101											
	1/4	1000	312	112	140	34	107	0	50	62	51	250	589	656	32	24	102	28	21
		1200	350	150	340	45	296	38											
		1400	450	250	540	75	466	138											
		1600	530	330	740	99	642	218											
	1/5	800	306	106	90	32	65	0	50	56	57	250	433	518	32	24	80	24	25
		1000	400	200	290	60	237	94											
		1200	530	330	490	99	398	224											
		1400	630	430	690	129	568	324											
	1/6	800	370	170	190	51	152	71	50	49	63	250	327	424	32	24	65	21	28
		1000	550	350	390	105	298	251											
		1200	680	480	590	144	459	381											
		1400	780	580	790	174	629	481											

附注： 1. H_6同时表示台身背面嵌入岩石层的深度（不计风化层），当$A_3=0$的情况尤应注意。
2. 如河岸岩层表面为陡坡，基底开凿工程过大，台底斜面部分(A部分)，可沿岩石表面凿除风化层做成台阶形。
3. 台身尺寸按地基为坚密岩石设计，如地基石质较差则需另行设计或参照图号30附注3的近似计算方法，变更 A、A_1（=A-200），H_2（=$0.3A_1$）等尺寸。
4. 表列尺寸除跨径以米计外，其余均以厘米计。

石拱桥

跨径：25、30、40、50、60米；矢跨比：1/3、1/4、1/5、1/6

引桥式桥台尺寸表（一）

图号 16

L_0	f_0/L_0	H	A	A_1	H_1	H_2	H_7	A_3	H_6	x	y	A_2	H_3	H_4	x_2	y_2	H_5	x_1	y_1
40	1/3	1600	378	178	147	53	79	0	60	78	45	300	1071	1226	37	15	138	32	14
		1800	378	178	347	53	279	0											
		2000	420	220	547	66	466	42											
		2200	460	260	747	78	654	82											
	1/4	1400	370	170	280	51	226	0	60	70	57	300	793	910	32	24	102	28	21
		1600	430	230	480	69	408	60											
		1800	530	330	680	99	578	160											
		2000	630	430	880	129	748	260											
	1/5	1200	390	190	280	57	227	27	60	63	64	300	586	736	32	24	68	21	22
		1400	520	320	480	96	388	157											
		1600	640	440	680	132	552	277											
		1800	760	560	880	168	716	397											
	1/6	1000	400	200	213	60	164	45	60	55	71	300	446	606	32	24	56	18	24
		1200	570	370	413	111	313	215											
		1400	720	520	613	156	468	365											
		1600	900	700	813	210	614	545											
50	1/3	2000	437	237	203	71	102	0	80	87	50	350	1339	1527	42	17	175	37	15
		2200	437	237	403	71	302	0											
		2400	520	320	603	96	477	83											
		2600	580	380	803	114	659	143											
	1/4	1600	428	228	220	68	135	0	80	78	63	350	992	1134	36	27	129	32	24
		1800	460	260	420	78	325	32											
		2000	550	350	620	105	498	122											
		2200	640	440	820	132	671	212											
	1/5	1400	420	220	270	66	195	0	80	70	71	350	734	914	36	27	90	24	25
		1600	550	350	470	105	356	130											
		1800	670	470	670	141	520	250											
		2000	820	620	870	186	675	400											
	1/6	1200	440	240	237	72	164	28	80	62	79	350	559	752	36	27	74	21	28
		1400	620	420	437	126	310	208											
		1600	770	570	637	171	465	358											
		1800	920	720	837	216	620	508											
60	1/3	2400	504	304	250	91	119	0	100	104	60	400	1577	1853	46	19	192	37	15
		2600	540	340	450	102	308	36											
		2800	600	400	650	120	490	96											
		3000	660	460	850	138	672	156											
	1/4	2000	493	293	350	88	238	0	100	93	76	400	1169	1379	40	30	141	32	24
		2200	580	380	550	114	412	87											
		2400	680	480	750	144	582	187											
		2600	760	560	950	168	758	267											
	1/5	1600	484	284	260	85	151	0	100	84	86	400	859	1094	40	30	111	28	29
		1800	590	390	450	117	319	106											
		2000	700	500	650	150	486	216											
		2200	790	590	850	177	659	306											
	1/6	1400	500	300	250	90	155	26	100	74	95	400	650	902	40	30	91	24	32
		1600	650	450	450	135	310	176											
		1800	800	600	650	180	465	326											
		2000	940	740	850	222	623	466											

附注：1. H_6 同时表示台身背面嵌入岩石层的深度(不计风化层)，当 $A_3=0$ 的情况尤应注意。
2. 如河岸岩层表面为陡坡，基底开凿工程过大，台底斜面部分(A部分)，可沿岩石表面凿除风化层做成台阶形。
3. 台身尺寸按地基为坚实岩石设计。如地基石质较差，则需另行设计，或参照图号30附注3的近似计算方法，变更 $A \cdot A_1 (=A-200)$、$H_2 (=0.3A_1)$ 等尺寸。
4. 表列尺寸除跨径以米计外，其余均以厘米计。

石拱桥

汽车-20级，挂车-100

跨径：25、30、40、50、60米；矢跨比：1/3、1/4、1/5、1/6

净—7

引桥式桥台尺寸表(二)

图号 17

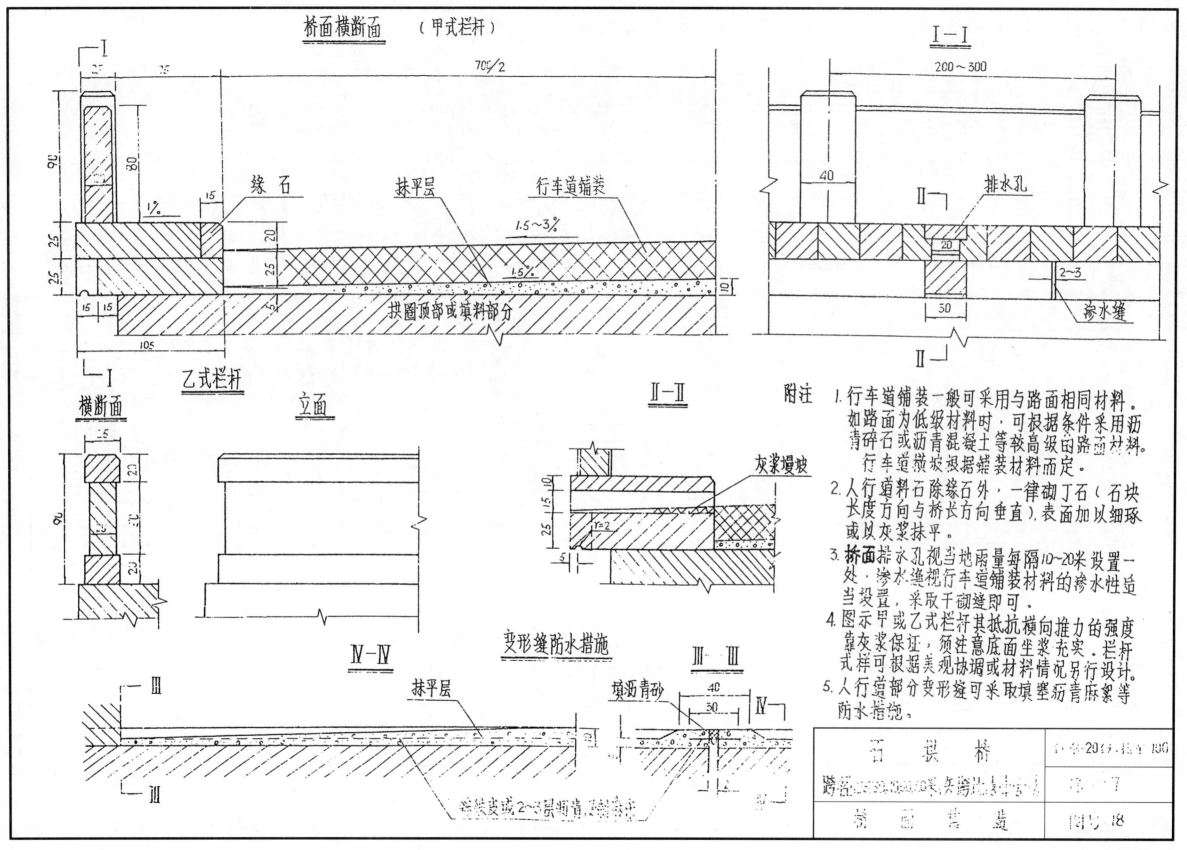

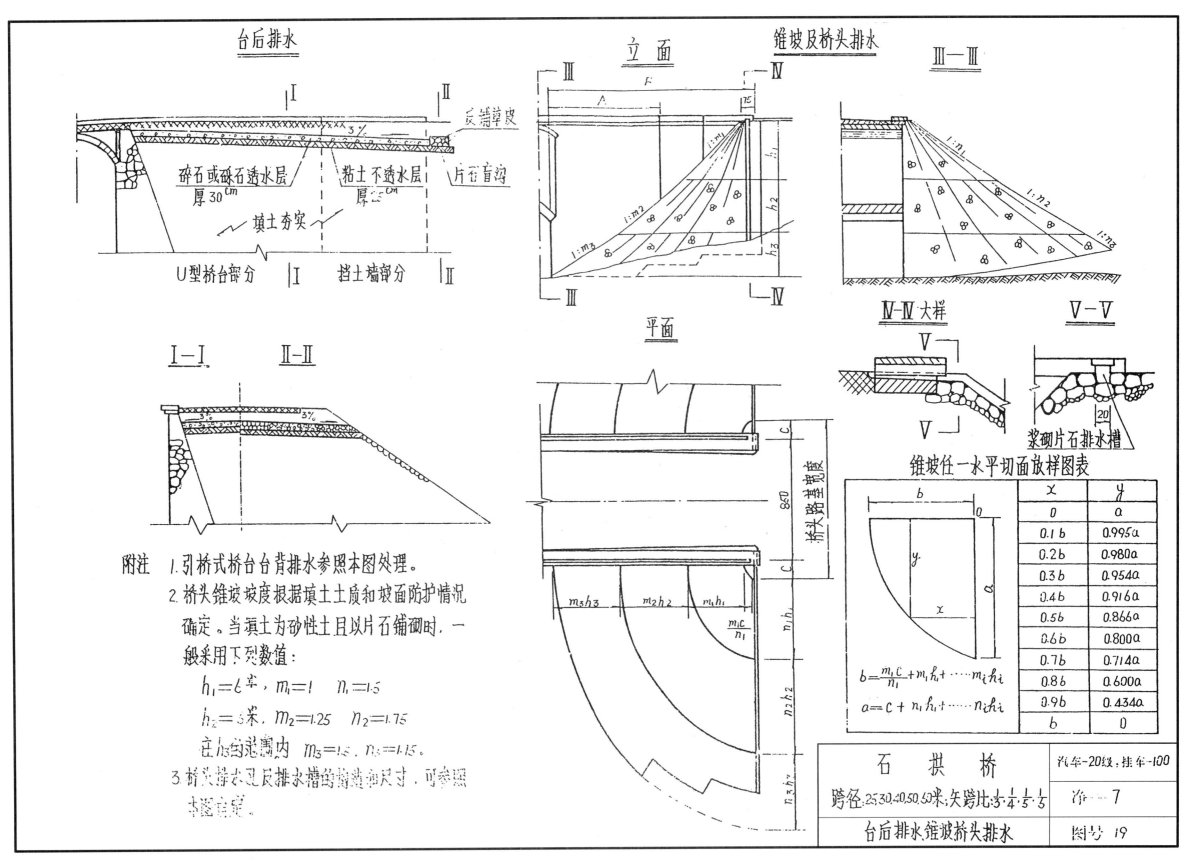

跨径 L (米)	矢跨比 f/L	拱轴系数 m	拱圈厚度 d (米)	拱圈断面系数 W (米³)	恒载 拱顶 N (吨)	恒载 拱顶 M (吨-米)	恒载 拱脚 N (吨)	恒载 拱脚 M (吨-米)	拱顶 Mmax时 N (吨)	拱顶 Mmax时 Mmax (吨-米)	拱顶 Mmax时 e₀/y	拱顶 Mmax时 σmax (吨/米²)	拱顶 Mmax时 σa (吨/米²)	拱顶 Mmin时 N (吨)	拱顶 Mmin时 Mmin (吨-米)	拱顶 Mmin时 e₀/y	拱顶 Mmin时 σmax (吨/米²)	拱顶 Mmin时 σa (吨/米²)	拱脚 Mmax时 N (吨)	拱脚 Mmax时 Mmax (吨-米)	拱脚 Mmax时 e₀/y	拱脚 Mmax时 σmax (吨/米²)	拱脚 Mmax时 σa (吨/米²)	拱脚 Mmin时 N (吨)	拱脚 Mmin时 Mmin (吨-米)	拱脚 Mmin时 e₀/y	拱脚 Mmin时 σmax (吨/米²)	拱脚 Mmin时 σa (吨/米²)
25	1/3	3.500	0.7	0.0817	39.6	-0.6	70.6	3.3	44.1	5.6	0.37	132.1	88.2	43.0	-3.0	0.20	98.8	75.7	74.3	11.5	0.44	246.9	168.6	76.8	-4.5	0.17	164.5	131.7
25	1/4	2.814	0.7	0.0817	48.1	-0.3	70.7	0.9	54.0	5.6	0.29	145.5	100.9	52.7	-2.6	0.14	107.4	88.4	75.6	8.9	0.34	217.4	144.8	76.8	-7.6	0.28	202.2	142.4
25	1/5	2.814	0.7	0.0817	56.1	1.7	73.6	1.2	63.6	7.5	0.33	182.0	121.2	61.8	-0.6	0.03	95.3	91.7	79.6	9.3	0.33	227.9	151.8	79.7	-7.5	0.27	205.2	146.6
25	1/6	2.240	0.7	0.0817	64.7	1.3	79.4	-3.2	73.4	6.9	0.27	189.9	135.0	71.5	-0.8	0.03	112.5	107.0	86.6	4.5	0.15	178.4	145.9	85.5	-12.4	0.41	273.4	184.2
30	1/3	3.500	0.8	0.107	53.8	-7.8	95.7	6.0	58.3	6.4	0.27	132.5	94.0	57.3	-5.0	0.22	118.7	89.3	99.6	16.2	0.41	276.4	186.6	102.1	-3.9	0.10	164.0	143.5
30	1/4	2.814	0.8	0.107	65.0	-1.4	95.8	0.9	71.0	6.3	0.22	147.6	110.6	69.7	-4.5	0.16	129.1	104.1	100.8	11.0	0.27	229.2	162.7	102.0	-9.7	0.24	218.8	161.5
30	1/5	2.814	0.8	0.107	75.8	1.4	99.7	1.2	83.4	9.0	0.27	188.2	134.5	81.8	-1.6	0.05	117.2	109.0	106.0	11.4	0.27	239.4	170.4	106.0	-9.7	0.23	223.9	166.4
30	1/6	2.240	0.8	0.107	85.8	2.2	105.5	-5.4	94.7	9.5	0.25	207.7	150.6	92.8	-0.7	0.02	122.9	119.3	113.1	4.3	0.10	181.9	159.1	111.9	-16.9	0.38	298.0	199.0
40	1/3	3.500	0.9	0.135	79.2	-4.9	146.7	1.9	83.8	7.0	0.18	145.3	113.8	82.7	-9.7	0.26	92.4	66.8	151.6	17.0	0.25	294.4	214.4	153.2	-12.1	0.18	259.8	205.7
40	1/4	2.814	0.9	0.135	96.5	-4.0	145.9	-2.7	102.8	7.2	0.16	167.3	135.6	101.3	-8.7	0.19	176.6	137.6	152.7	12.2	0.18	260.3	205.5	151.4	-17.7	0.26	299.4	266.2
40	1/5	2.814	0.9	0.135	108.3	-0.2	149.2	-1.7	116.2	10.9	0.21	209.5	159.9	114.2	-4.7	0.09	161.6	142.1	156.8	16.3	0.24	298.3	220.1	155.5	-17.1	0.24	299.6	194.3
40	1/6	2.240	0.9	0.135	131.4	0.2	163.3	-7.7	140.7	10.9	0.17	237.0	188.6	138.5	-4.2	0.07	185.3	168.0	172.1	6.9	0.08	240.1	213.1	169.9	-23.9	0.20	247.2	213.7
50	1/3	3.500	1.0	0.167	111.1	-9.7	204.9	4.7	115.9	6.2	0.11	152.9	132.0	114.8	-16.0	0.28	210.8	148.8	211.0	27.0	0.26	373.3	269.7	211.6	-13.3	0.13	291.6	245.3
50	1/4	2.814	1.0	0.167	134.2	-9.0	202.8	-6.7	140.6	5.8	0.08	175.6	156.0	139.2	-15.2	0.22	230.4	173.6	210.7	15.6	0.15	304.2	248.9	209.3	-25.9	0.25	364.6	265.4
50	1/5	2.814	1.0	0.167	157.8	-2.0	212.0	-1.0	165.9	12.6	0.15	241.8	196.9	164.0	-8.0	0.10	212.0	184.8	221.7	21.3	0.19	349.3	271.2	218.5	-21.0	0.19	344.3	267.3
50	1/6	2.240	1.0	0.167	178.3	-4.4	222.3	-18.0	187.9	9.7	0.10	246.3	213.1	185.7	-10.4	0.11	247.9	212.2	235.1	3.3	0.03	253.5	243.3	228.6	-38.8	0.34	461.7	305.8
60	1/3	3.500	1.2	0.240	158.6	-17.9	292.4	12.4	163.5	2.1	0.02	145.1	140.6	162.3	-25.7	0.26	242.4	173.8	293.8	42.4	0.24	425.6	314.1	299.3	-10.0	0.06	290.9	268.6
60	1/4	2.814	1.2	0.240	189.5	-16.6	286.4	-5.8	196.1	2.1	0.02	172.3	167.8	194.6	-24.3	0.21	253.3	200.7	294.6	23.7	0.14	344.4	286.3	297.1	-31.5	0.18	378.7	299.4
60	1/5	2.814	1.2	0.240	218.9	-3.8	292.9	2.3	227.2	14.6	0.11	250.2	215.7	225.3	-11.3	0.08	254.3	208.7	303.0	32.3	0.18	387.5	305.6	304.0	-24.2	0.13	354.2	295.2
60	1/6	2.240	1.2	0.240	248.6	-5.9	309.0	-25.8	258.4	11.9	0.08	265.0	237.7	256.3	-13.3	0.09	264.1	235.1	321.0	2.9	0.02	279.6	275.4	320.3	-54.0	0.28	491.8	345.9

石拱桥

跨径: 25, 30, 40, 50, 60米; 矢跨比: 1/3, 1/4, 1/5, 1/6

汽车-20级·挂车-100

拱圈计算数值表（一）

图号 20

跨径 L_0 (米)	矢跨比 $\frac{f}{L_0}$	附加组合（恒载、汽车-20级、人群、温度变化影响）																					附加组合（恒载、挂车-100）										
		拱顶											拱脚											拱顶									
		M_{max} 时					M_{min} 时					M_{max} 时					M_{min} 时					M_{max} 时					M_{min} 时				
		N (吨)	M_{max} (吨·米)	$\frac{e_0}{y}$	σ_{max} (吨/米²)	σ_a (吨/米²)	N (吨)	M_{min} (吨·米)	$\frac{e_0}{y}$	σ_{max} (吨/米²)	σ_a (吨/米²)	N (吨)	M_{max} (吨·米)	$\frac{e_0}{y}$	σ_{max} (吨/米²)	σ_a (吨/米²)	N (吨)	M_{min} (吨·米)	$\frac{e_0}{y}$	σ_{max} (吨/米²)	σ_a (吨/米²)	N (吨)	M_{max} (吨·米)	$\frac{e_0}{y}$	σ_{max} (吨/米²)	σ_a (吨/米²)	N (吨)	M_{min} (吨·米)	$\frac{e_0}{y}$	σ_{max} (吨/米²)	σ_a (吨/米²)
25	1/3	43.8	6.4	0.42	140.7	95.3	43.3	-3.8	0.25	108.0	78.7	74.4	12.8	0.49	263.0	183.3	76.7	-5.8	0.21	180.2	136.4	46.9	6.4	0.39	144.7	97.2	42.1	-2.4	0.16	89.9	72.2
	1/4	53.6	6.6	0.35	157.6	105.3	53.2	-3.7	0.20	120.8	93.3	75.9	10.9	0.41	242.2	163.5	76.5	-9.5	0.36	226.1	151.2	57.7	6.2	0.31	158.0	108.3	51.6	-2.0	0.11	98.3	84.3
	1/5	62.8	8.8	0.40	197.5	132.7	62.6	-1.9	0.09	113.0	99.8	80.2	12.0	0.43	261.9	177.6	79.1	-10.2	0.37	237.5	158.4	68.8	8.1	0.34	196.2	130.6	60.4	0	0	86.3	86.3
	1/6	72.2	8.6	0.34	208.8	138.3	72.7	-2.5	0.10	134.4	117.2	87.5	7.9	0.26	221.2	159.6	84.6	-15.7	0.53	313.5	223.2	78.8	7.5	0.27	204.9	145.2	69.8	-0.3	0.01	103.4	101.6
30	1/3	58.0	7.3	0.31	140.7	95.8	57.6	-5.9	0.26	127.6	92.0	99.7	17.8	0.45	291.8	199.6	102.0	-5.5	0.14	179.1	148.5	61.2	7.9	0.32	150.1	101.5	56.9	-4.4	0.19	112.4	87.2
	1/4	70.5	7.6	0.27	159.3	113.4	70.2	-5.8	0.21	141.9	108.5	101.1	13.5	0.33	252.8	168.6	101.7	-12.2	0.30	241.6	166.6	74.9	7.6	0.25	164.5	119.3	69.2	-3.9	0.14	123.0	101.7
	1/5	82.6	10.6	0.32	203.0	136.8	82.6	-3.3	0.10	134.0	116.5	106.6	14.8	0.35	271.8	178.7	105.4	-13.1	0.31	254.7	173.9	88.3	10.2	0.29	206.3	143.8	81.1	-1.0	0.03	111.2	106.0
	1/6	93.5	11.6	0.31	225.9	154.2	94.1	-2.8	0.08	144.0	129.4	114.1	8.5	0.19	222.6	173.7	110.9	-21.1	0.48	336.2	198.7	100.5	10.7	0.27	226.2	161.4	92.2	-0.2	0.01	116.9	108.8
40	1/3	83.6	8.0	0.21	152.3	115.4	82.9	-10.6	0.28	163.4	114.5	151.8	18.7	0.28	307.5	217.5	153.0	-13.8	0.20	272.4	209.5	86.8	10.7	0.27	168.1	119.6	82.7	-9.2	0.24	159.8	116.9
	1/4	102.4	8.6	0.19	177.2	138.4	101.7	-10.1	0.22	187.4	140.9	153.0	14.3	0.21	275.9	210.1	151.1	-19.8	0.29	314.3	218.8	106.8	10.4	0.22	195.8	147.6	101.3	-8.2	0.18	173.3	136.4
	1/5	115.5	12.7	0.24	222.1	162.5	114.9	-6.5	0.12	175.7	148.0	157.5	20.4	0.29	326.2	227.6	154.9	-17.3	0.25	300.2	218.6	120.8	14.0	0.26	238.2	171.7	114.2	-4.2	0.08	158.3	140.9
	1/6	139.8	13.1	0.21	252.4	192.2	139.5	-6.5	0.10	203.0	176.9	172.9	11.1	0.14	274.4	226.1	168.7	-28.4	0.37	397.7	265.8	146.8	13.9	0.21	265.9	201.9	138.5	-3.8	0.06	182.2	166.6
50	1/3	115.7	7.2	0.13	159.2	133.9	115.0	-17.1	0.30	217.4	150.3	211.0	29.0	0.27	384.9	272.7	211.5	-15.2	0.14	303.0	249.2	119.0	12.1	0.20	191.7	146.7	114.9	-15.6	0.27	208.5	148.1
	1/4	140.3	7.4	0.11	184.5	159.2	139.5	-16.7	0.24	239.9	176.4	210.9	18.5	0.18	321.9	254.7	209.1	-28.8	0.28	381.9	270.1	144.7	11.2	0.16	212.0	171.9	139.3	-14.8	0.21	228.1	173.1
	1/5	165.4	14.6	0.18	253.1	200.3	164.6	-10.0	0.12	224.5	189.8	222.1	25.2	0.23	373.6	278.4	218.1	-24.9	0.23	367.0	274.9	171.1	17.9	0.21	278.7	211.9	164	-7.6	0.09	209.8	184.4
	1/6	187.0	12.2	0.13	260.2	217.8	186.6	-12.8	0.14	263.5	218.3	234.4	8.3	0.07	283.9	256.9	277.9	-43.8	0.38	490.7	328.8	194.0	14.7	0.15	282.5	230.1	185.9	-10.0	0.11	245.7	211.5
60	1/3	163.3	3.7	0.04	161.4	143.5	162.6	-27.3	0.28	249.1	175.4	298.7	39.6	0.22	414.0	310.8	299.1	-12.7	0.07	303.3	273.5	166.6	10.5	0.11	182.6	157.7	162.3	-25.3	0.26	240.6	173.1
	1/4	195.6	4.3	0.04	181.1	171.7	195.0	-26.5	0.23	272.9	203.6	294.8	27.9	0.16	362.1	292.7	296.8	-35.7	0.20	396.0	304.6	200.0	9.9	0.08	207.9	185.3	194.5	-23.9	0.21	261.6	200.0
	1/5	226.5	17.5	0.13	261.5	219.4	236.0	-14.1	0.11	247.3	213.5	303.5	38.0	0.21	411.5	313.3	303.3	-29.9	0.17	377.6	302.6	232.3	22.3	0.16	286.2	230.9	225.1	-10.9	0.08	233.0	208.1
	1/6	257.4	15.5	0.10	272.0	242.6	257.3	-16.9	0.11	284.8	244.4	321.9	10.0	0.05	310.0	287.8	319.5	-61.0	0.32	520.9	352.7	264.6	—	0.12	300.5	254.2	256.1	-12.9	0.09	267.3	237.0

跨径 L_0 (米)	矢跨比 $\frac{f}{L_0}$	附加组合(恒载,挂车-100) 拱 脚									拱圈设计容许受压应力 $[6a]$ (吨/米²)	拱圈材料规格
		M_{max} 时					M_{min} 时						
		N (吨)	M_{max} (吨·米)	$\frac{e_0}{y}$	6_{max} (吨/米²)	$6a$ (吨/米²)	N (吨)	M_{min} (吨·米)	$\frac{e_0}{y}$	6_{max} (吨/米²)	$6a$ (吨/米²)		
25	$\frac{1}{3}$	76.8	16.3	0.61	309.5	230.6	81.4	-7.7	0.27	211.1	150.0	210	100号砂浆砌300号块石
	$\frac{1}{4}$	78.9	13.6	0.49	279.5	195.2	81.6	-11.2	0.39	253.2	170.3		
	$\frac{1}{5}$	83.7	14.1	0.48	291.8	202.1	84.8	-11.2	0.38	258.6	173.5		75号砂浆砌400号块石 或300号粗料石
	$\frac{1}{6}$	91.4	8.9	0.28	239.8	168.9	90.8	-16.4	0.52	330.8	233.9		
30	$\frac{1}{3}$	102.0	22.5	0.55	338.1	243.3	106.6	-8.8	0.21	215.7	164.6	210	100号砂浆砌300号块石
	$\frac{1}{4}$	104.0	17.2	0.41	290.8	196.4	106.6	-15.3	0.36	274.8	179.3		
	$\frac{1}{5}$	109.9	17.6	0.40	302.7	203.4	110.7	-15.3	0.35	281.9	185.7		75号砂浆砌400号块石 或300号粗料石
	$\frac{1}{6}$	117.8	10.2	0.22	243.0	182.7	116.6	-22.8	0.49	359.7	250.8		
40	$\frac{1}{3}$	153.1	25.0	0.36	355.5	237.7	157.6	-20.4	0.29	325.9	227.9	260	100号砂浆砌400号块石 或300号粗料石
	$\frac{1}{4}$	155.0	20.3	0.29	322.3	224.4	155.6	-26.7	0.38	370.8	248.7		
	$\frac{1}{5}$	159.7	25.1	0.35	363.2	242.2	160.0	-23.0	0.32	347.9	235.6		75号砂浆砌500号块石 或400号粗料石
	$\frac{1}{6}$	175.8	12.1	0.15	285.2	231.8	175.7	-33.6	0.42	444.3	300.7		
50	$\frac{1}{3}$	211.4	34.4	0.33	417.9	280.7	215.8	-24.7	0.23	363.8	271.1	310	100号砂浆砌500号块石 或400号粗料石
	$\frac{1}{4}$	211.3	23.1	0.22	349.7	263.5	213.5	-38.1	0.36	442.2	287.7		
	$\frac{1}{5}$	222.6	29.0	0.26	396.9	285.5	222.6	-33.5	0.30	423.7	291.6		75号砂浆砌600号块石 或500号粗料石
	$\frac{1}{6}$	235.0	10.9	0.09	300.4	264.0	232.8	-52.0	0.45	544.6	371.7		
60	$\frac{1}{3}$	298.9	48.6	0.27	461.4	321.3	303.3	-23.9	0.13	352.4	294.0	340	125号砂浆砌500号块石
	$\frac{1}{4}$	294.9	30.0	0.17	370.9	295.5	297.0	-45.0	0.25	434.9	315.8		
	$\frac{1}{5}$	303.6	38.8	0.21	414.8	314.2	303.4	-37.8	0.21	410.5	312.9		100号砂浆砌500号粗料石
	$\frac{1}{6}$	321.7	9.3	0.05	306.9	286.1	319.3	-67.8	0.35	548.5	365.7		

表中符号说明

N - 轴向压力 M - 由于恒载产生的弯距

M_{max} - 组合荷载产生的最大弯距

M_{min} - 组合荷载产生的最小弯距

$e_0 = \frac{M_{max}}{N}$ 或 $\frac{M_{min}}{N}$ (取绝对值)

$y = \frac{d}{2}$

比值 $\frac{e_0}{y}$ 按设计规范规定:

L_0(米)	25、30	40、50、60
主要组合	$\frac{e_0}{y} \leq 0.6$	$\frac{e_0}{y} \leq 0.5$
附加组合	$\frac{e_0}{y} \leq 0.7$	$\frac{e_0}{y} \leq 0.6$
施工荷载	$\frac{e_0}{y} \leq 0.7$	$\frac{e_0}{y} \leq 0.6$

6_{max} - 计算的最大边缘压应力值。

$6a$ - 计入塑性影响而重分布的压应力值。

当 $\frac{e_0}{y} \leq 0.333$ 时 $6a = \frac{6_{max}}{1+1.5\frac{e_0}{y}}$

当 $\frac{e_0}{y} > 0.333$ 时 $6a = \frac{N}{F}[1+3(\frac{e_0}{y})^2]$

$[6a]$ - 拱圈材料容许受压应力。

主要组合时 $6a \leq [6a]$

附加组合时 $6a \leq 1.25[6a]$

石拱桥

汽车-20级，挂车-100

跨径:25、30、40、50、60米；矢跨比：$\frac{1}{3}$、$\frac{1}{4}$、$\frac{1}{5}$、$\frac{1}{6}$

拱圈计算数值表（三）

图号 22

跨径 L_0 米	矢跨比 f_0/L_0	裸拱 拱顶 e_0/Y	裸拱 拱顶 σ (吨/米²)	裸拱 拱脚 e_0/Y	裸拱 拱脚 σ (吨/米²)	拱圈+横墙 拱顶 e_0/Y	拱圈+横墙 拱顶 σ (吨/米²)	拱圈+横墙 拱脚 e_0/Y	拱圈+横墙 拱脚 σ (吨/米²)	拱圈+横墙+腹拱圈 拱顶 e_0/Y	拱圈+横墙+腹拱圈 拱顶 σ (吨/米²)	拱圈+横墙+腹拱圈 拱脚 e_0/Y	拱圈+横墙+腹拱圈 拱脚 σ (吨/米²)	拱圈+横墙+腹拱圈+实腹段填料 拱顶 e_0/Y	拱圈+横墙+腹拱圈+实腹段填料 拱顶 σ (吨/米²)	拱圈+横墙+腹拱圈+实腹段填料 拱脚 e_0/Y	拱圈+横墙+腹拱圈+实腹段填料 拱脚 σ (吨/米²)	拱圈+横墙+腹拱圈+全部填料 拱顶 e_0/Y	拱圈+横墙+腹拱圈+全部填料 拱顶 σ (吨/米²)	拱圈+横墙+腹拱圈+全部填料 拱脚 e_0/Y	拱圈+横墙+腹拱圈+全部填料 拱脚 σ (吨/米²)	容许偏心距比值 $[e_0/Y]$	容许应力压值 $[\sigma]=13[\sigma]$ (吨/米²)
25	1/3	0.46	62.4	0.37	97.6	0.14	—	0.05	—	0.12	—	0.25	—	0.09	—	0.08	—	0.26	—	0	—	0.7	273
	1/4	0.32	—	0.29	—	0.17	—	0.05	—	0.03	—	0.23	—	0.04	—	0.03	—	0.16	—	0.08	—		
	1/5	0.31	—	0.29	—	0.23	—	0.05	—	0.08	—	0.15	—	0.06	—	0.04	—	0.02	—	0.06	—		
	1/6	0.24	—	0.13	—	0.17	—	0.09	—	0.05	—	0.25	—	0.03	—	0.10	—	0.03	—	0.19	—		
30	1/3	0.47	67.6	0.39	123.6	0.15	—	0.04	—	0.12	—	0.20	—	0.12	—	0.28	—	0.28	—	0.04	—	0.7	273
	1/4	0.33	—	0.30	—	0.10	—	0.04	—	0.04	—	0.22	—	0.08	—	0.06	—	0.19	—	0.08	—		
	1/5	0.32	—	0.31	—	0.18	—	0.02	—	0.03	—	0.15	—	0	—	0.06	—	0.06	—	0.06	—		
	1/6	0.24	—	0.15	—	0.18	—	0.08	—	0.05	—	0.25	—	0.02	—	0.08	—	0.05	—	0.21	—		
40	1/3	0.58	142.3	0.44	199.0	0.04	—	0.28	—	0.33	—	0.39	267.0	0.12	—	0	—	0.34	106.1	0.13	—	0.6	338
	1/4	0.42	128.5	0.37	—	0.04	—	0.24	—	0.17	—	0.37	233.5	0.07	—	0.04	—	0.23	—	0.18	—		
	1/5	0.39	145.0	0.38	186.2	0.16	—	0.14	—	0.03	—	0.29	—	0.02	—	0.02	—	0.11	—	0.09	—		
	1/6	0.29	—	0.21	—	0.13	—	0.20	—	0.02	—	0.35	—	0.01	—	—	—	0.14	—	0.07	—		
50	1/3	0.60	202.9	0.53	321.7	0.09	—	0.28	—	0.41	190.5	0.44	400.9*	0.03	—	0	—	0.38	—	0.09	—	0.6	403
	1/4	0.41	173.7	0.44	266.8	0.01	—	0.25	—	0.24	—	0.51	408.9*	0.09	—	0.12	—	0.28	—	0.19	—		
	1/5	0.38	196.3	0.46	291.0	0.11	—	0.16	—	0.16	—	0.36	317.6	0.09	—	0.01	—	0.25	—	0.12	—		
	1/6	0.27	—	0.27	—	0.08	—	0.23	—	0.05	—	0.39	340.6	0.06	—	—	—	0.14	—	0.26	—		
60	1/3	0.60	241.5	0.53	383.6	0.07	—	0.32	—	0.33	—	0.45	474.8*	0.13	—	0.12	—	0.36	288.3	0.05	—	0.6	442
	1/4	0.41	207.1	0.44	317.5	0.02	—	0.27	—	0.18	—	0.42	409.5*	0.11	—	0.03	—	0.27	—	0.12	—		
	1/5	0.38	233.7	0.46	346.6	0.13	—	0.10	—	0.03	—	0.26	—	0	—	0.07	—	0.12	—	0.08	—		
	1/6	0.27	—	0.21	—	0.09	—	0.19	—	0.04	—	0.35	378.9	0.03	—	0.08	—	0.12	—	0.22	—		

附注 1. 施工各阶段的内力系将恒载加于拱圈内力影响线计算而得。表列数值为施工各阶段完成时拱顶、拱脚截面的合力偏心距比值（偏心距 e_0 与拱圈厚度之半 $Y=\frac{d}{2}$ 的比值）和最大压应力值（计入塑性状态的重分布应力前三阶段并考虑拱圈稳定性）。

2. 任一阶段施工时，必须对称于桥孔中心线进行，并尽量减少施工区段的临时荷载。

3. 表中标有*者，压应力接近或超出容许值，除要求拱圈强度达到设计强度的100%外，如拱圈石料强度较高，可根据实际强度进行校核。同时，也可于砌筑横墙后，在实腹段先砌一部分片石填料。

4. 合力偏心距未超出核心半径（即 $e_0/Y < 0.333$）者，压应力未预验算。

石拱桥

汽车-20级，挂车-100

跨径：25,30,40,50,60米，矢跨比：1/3, 1/4, 1/5, 1/6

净—7

上部构造施工程序验算

图号 23

跨径 L_0 (米)	矢跨比 f/L_0	桥墩高度 H (厘米)	拱圈恒载反力 V_g (吨)	腹拱圈恒载反力 V_{g1} (吨)	桥孔上部活载 汽车-20级 最大推力 H_p (吨)	桥孔上部活载 汽车-20级 相应反力 V_p (吨)	桥孔上部活载 挂车-100 最大推力 H_p' (吨)	桥孔上部活载 挂车-100 相应反力 V_p' (吨)	汽车荷载制动力 T (吨)	主要组合 σ_{max} (吨/米²)	主要组合 σ_{min} (吨/米²)	主要组合 [σ] (吨/米²)	附加组合 σ_{max} (吨/米²)	附加组合 σ_{min} (吨/米²)	附加组合 $1.25[\sigma]$ (吨/米²)	e_0/ρ	滑动稳定系数 K
25	1/3	1400	498.0	36.1	40.3	42.2	65.0	50.2	4.5	34.1	25.0	41.8	37.4	21.9	52.2	0.26	10.1
		1600	498.0	36.1	40.3	42.2	65.0	50.2	4.5	36.5	25.0	42.1	40.5	21.3	52.6	0.31	10.6
		1800	498.0	36.1	40.3	42.2	65.0	50.2	4.5	38.8	25.3	42.4	43.4	20.9	53.0	0.35	11.2
		2000	498.0	36.1	40.3	42.2	65.0	50.2	4.5	40.9	25.6	42.8	46.1	20.7	53.4	0.38	11.8
	1/4	1200	442.0	32.2	53.3	42.0	86.1	50.1	4.5	33.7	20.9	41.8	38.1	16.7	52.3	0.39	7.0
		1400	442.0	32.2	53.3	42.0	86.1	50.1	4.5	36.5	20.7	42.1	41.9	15.6	52.6	0.46	7.4
		1600	442.0	32.2	53.3	42.0	86.1	50.1	4.5	39.2	20.7	42.4	45.3	14.8	53.0	0.51	7.8
		1800	442.0	32.2	53.3	42.0	86.1	50.1	4.5	41.7	20.9	42.8	48.5	14.2	53.4	0.55	8.2
	1/5	1000	407.0	29.7	66.9	41.9	108.1	50.1	4.5	32.8	17.8	41.7	37.9	13.0	52.1	0.49	5.1
		1200	407.0	29.7	66.9	41.9	108.1	50.1	4.5	36.2	17.2	42.0	42.5	11.1	52.4	0.59	5.4
		1400	407.0	29.7	66.9	41.9	108.1	50.1	4.5	39.3	16.8	42.3	46.7	9.7	52.9	0.66	5.7
		1600	407.0	29.7	66.9	41.9	108.1	50.1	4.5	42.2	16.8	42.6	50.5	8.6	53.3	0.71	6.1
	1/6	800	392.0	27.9	79.1	41.8	128.0	50.1	4.5	31.3	16.4	41.5	36.4	11.5	51.9	0.52	4.0
		1000	392.0	27.9	79.1	41.8	128.0	50.1	4.5	35.2	15.2	41.8	42.0	8.7	52.3	0.66	4.3
		1200	392.0	27.9	79.1	41.8	128.0	50.1	4.5	38.9	14.3	42.2	47.0	6.5	52.7	0.76	4.5
		1400	392.0	27.9	79.1	41.8	128.0	50.1	4.5	42.2	13.8	42.4	51.5	4.8	53.0	0.83	4.8
30	1/3	1600	676.0	46.7	44.6	52.8	66.7	50.0	4.5	38.2	30.3	43.0	40.6	27.9	53.8	0.19	13.2
		1800	676.0	46.7	44.6	52.8	66.7	50.0	4.5	40.6	30.5	43.4	43.5	27.6	54.2	0.22	13.8
		2000	676.0	46.7	44.6	52.8	66.7	50.0	4.5	42.8	30.9	43.6	46.2	27.5	54.5	0.25	14.4
		2200	676.0	46.7	44.6	52.8	66.7	50.0	4.5	45.0	31.4	44.0	48.7	27.6	54.9	0.28	15.1
	1/4	1400	600.0	41.6	59.0	52.8	88.4	50.0	4.5	37.7	26.0	43.1	41.0	22.5	53.9	0.29	9.2
		1600	600.0	41.6	59.0	52.8	88.4	50.0	4.5	40.4	26.0	43.4	44.4	21.9	54.3	0.34	9.7
		1800	600.0	41.6	59.0	52.8	88.4	50.0	4.5	42.9	26.2	43.8	47.5	21.6	54.7	0.38	10.2
		2000	600.0	41.6	59.0	52.8	88.4	50.0	4.5	45.4	26.5	44.0	50.4	21.4	55.0	0.40	10.7

附注 1. 表列主要组合和附加组合均为活载加于一侧桥孔的情况。附加组合的计算数值列入汽车-20级或挂车-100验算二者的较大者。

2. 基底合力偏心距 e_0 与基底面顺桥向的核心半径 ρ 的比值应不大于 1 ($\rho = \frac{A_s}{6}$, 式中: A_s 为基底顺桥向宽度)。

石拱桥

跨径: 25, 30, 40, 50, 60米; 矢跨比: 1/3, 1/4, 1/5, 1/6

汽车-20级, 挂车-100

净——7

桥墩计算数值表（一）

图号 24

跨径 L_0 (米)	矢跨比 f_0/L_0	桥墩高度 H (厘米)	拱圈恒载反力 V_g (吨)	腹拱圈恒载反力 V_g' (吨)	桥孔上部活载 汽车-20级 最大推力 H_P (吨)	桥孔上部活载 汽车-20级 相应反力 V_P (吨)	桥孔上部活载 挂车-100 最大推力 H_P (吨)	桥孔上部活载 挂车-100 相应反力 V_P (吨)	汽车荷载制动力 T (吨)	基底土壤承载力及合力偏心距比值 主要组合 σ_{max} (吨/米²)	主要组合 σ_{min} (吨/米²)	主要组合 [σ] (吨/米²)	附加组合 σ_{max} (吨/米²)	附加组合 σ_{min} (吨/米²)	附加组合 1.25[σ] (吨/米²)	$\frac{e_0}{\rho}$	滑动稳定系数 K
30	1/5	1200	553.0	38.1	73.9	52.8	110.9	50.0	4.5	36.8	22.5	43.0	40.9	18.4	53.8	0.38	6.7
		1400	553.0	38.1	73.9	52.8	110.9	50.0	4.5	40.0	22.3	43.4	44.9	17.3	54.2	0.45	7.1
		1600	553.0	38.1	73.9	52.8	110.9	50.0	4.5	42.9	22.2	43.6	48.6	16.5	54.5	0.49	7.5
		1800	553.0	38.1	73.9	52.8	110.9	50.0	4.5	45.7	22.3	44.0	52.0	15.9	54.9	0.53	7.9
	1/6	1000	524.0	35.7	87.4	52.8	131.4	50.0	4.5	35.4	20.3	42.8	39.7	16.0	53.5	0.43	5.3
		1200	524.0	35.7	87.4	52.8	131.4	50.0	4.5	39.1	19.6	43.2	44.3	14.3	53.9	0.51	5.6
		1400	524.0	35.7	87.4	52.8	131.4	50.0	4.5	42.5	19.2	43.5	48.6	12.9	54.4	0.58	5.9
		1600	524.0	35.7	87.4	52.8	131.4	50.0	4.5	45.6	19.0	43.8	52.6	11.9	54.8	0.63	6.3
40	1/3	2000	1052.0	46.7	54.4	52.8	68.0	50.1	4.5	47.7	39.3	68.5	49.0	37.9	85.6	0.13	19.2
		2200	1052.0	46.7	54.4	52.8	68.0	50.1	4.5	49.9	39.5	69.2	51.5	37.9	86.5	0.15	19.9
		2400	1052.0	46.7	54.4	52.8	68.0	50.1	4.5	52.0	39.8	69.8	53.8	37.9	87.3	0.17	20.7
		2600	1052.0	46.7	54.4	52.8	68.0	50.1	4.5	54.0	40.2	70.4	56.0	38.2	88.0	0.19	21.5
	1/4	1600	932.0	41.6	72.0	52.8	90.2	50.1	4.5	44.5	33.7	68.3	46.1	32.1	85.4	0.18	12.9
		1800	932.0	41.6	72.0	52.8	90.2	50.1	4.5	47.2	33.6	69.0	49.2	31.7	86.3	0.22	13.4
		2000	932.0	41.6	72.0	52.8	90.2	50.1	4.5	49.8	33.7	69.6	52.3	31.4	87.0	0.25	14.0
		2200	932.0	41.6	72.0	52.8	90.2	50.1	4.5	52.2	33.9	70.3	54.7	31.4	87.9	0.27	14.6
	1/5	1400	873.0	29.7	90.4	52.8	113.4	50.1	4.5	43.8	29.8	68.3	45.9	27.7	85.4	0.25	9.6
		1600	873.0	29.7	90.4	52.8	113.4	50.1	4.5	46.9	29.5	69.0	49.4	27.0	86.3	0.29	10.0
		1800	873.0	29.7	90.4	52.8	113.4	50.1	4.5	49.9	29.3	69.6	52.7	26.4	87.0	0.33	10.5
		2000	873.0	29.7	90.4	52.8	113.4	50.1	4.5	52.6	29.4	70.3	55.8	26.1	87.9	0.36	10.9
	1/6	1200	824.0	27.9	107.0	52.9	134.3	50.1	4.5	42.5	27.0	68.1	44.8	24.7	85.1	0.29	7.5
		1400	824.0	27.9	107.0	52.9	134.3	50.1	4.5	46.1	26.3	68.8	48.9	23.5	86.0	0.35	7.9
		1600	824.0	27.9	107.0	52.9	134.3	50.1	4.5	49.4	25.8	69.4	52.7	22.6	86.8	0.40	8.3
		1800	824.0	27.9	107.0	52.9	134.3	50.1	4.5	52.6	25.6	70.1	56.2	21.9	87.6	0.44	8.7

附注:
1. 表列主要组合和附加组合均为活载加于一侧桥孔的情况。附加组合的计算数值则入汽车-20级或挂车-100验算二者的较大者。
2. 基底合力偏心距 e_0 与基底面顺桥向的核心半径 ρ 的比值应不大于1（$\rho = \frac{A_s}{6}$，式中 A_s 为基底顺桥向宽度）。

石拱桥

跨径：25、30、40、50、60米 矢跨比 $\frac{1}{3}$、$\frac{1}{4}$、$\frac{1}{5}$、$\frac{1}{6}$

汽车-20级、挂车-100

桥墩计算数值表（二）

净—7

图号 25

跨径 L_0 (米)	矢跨比 f_0/L_0	桥墩高度 H (厘米)	拱圈恒载反力 V_g (吨)	腹拱圈恒载反力 V_{g1} (吨)	桥孔上部活载 汽车-20级 最大推力 H_p (吨)	桥孔上部活载 汽车-20级 相应反力 V_p (吨)	桥孔上部活载 挂车-100 最大推力 H_p (吨)	桥孔上部活载 挂车-100 相应反力 V_p (吨)	汽车荷载制动力 T (吨)	主要组合 σ_{max} (吨/米²)	主要组合 σ_{min} (吨/米²)	主要组合 (σ) (吨/米²)	附加组合 σ_{max} (吨/米²)	附加组合 σ_{min} (吨/米²)	附加组合 $1.25(\sigma)$ (吨/米²)	e_0/ρ	滑动稳定系数 K
50	1/3	2400	1466.0	67.4	60.8	58.6	68.9	50.1	4.5	56.4	48.2	71.1	57.1	47.4	88.9	0.09	26.0
50	1/3	2600	1466.0	67.4	60.8	58.6	68.9	50.1	4.5	58.4	48.4	71.8	59.2	47.4	89.8	0.11	26.9
50	1/3	2800	1466.0	67.4	60.8	58.6	68.9	50.1	4.5	60.4	48.7	72.4	61.3	47.6	90.5	0.13	27.8
50	1/3	3000	1466.0	67.4	60.8	58.6	68.9	50.1	4.5	62.3	49.1	73.0	63.3	48.0	91.3	0.14	28.7
50	1/4	1800	1295.0	59.6	80.5	58.5	91.4	50.1	4.5	50.6	41.7	70.5	51.3	40.7	88.1	0.11	17.1
50	1/4	2000	1295.0	59.6	80.5	58.5	91.4	50.1	4.5	53.2	41.6	71.2	54.1	40.5	89.0	0.14	17.7
50	1/4	2200	1295.0	59.6	80.5	58.5	91.4	50.1	4.5	55.7	41.6	71.8	56.7	40.4	89.8	0.17	18.3
50	1/4	2400	1295.0	59.6	80.5	58.5	91.4	50.1	4.5	58.1	41.8	72.5	59.2	40.5	90.6	0.19	19.0
50	1/5	1600	1206.0	44.3	101.0	58.4	114.9	50.1	4.5	49.7	37.1	70.7	50.7	35.9	88.4	0.17	12.6
50	1/5	1800	1206.0	44.3	101.0	58.4	114.9	50.1	4.5	52.6	36.9	71.4	53.9	35.4	89.3	0.21	13.1
50	1/5	2000	1206.0	44.3	101.0	58.4	114.9	50.1	4.5	55.5	36.7	72.0	56.9	35.1	90.0	0.24	13.6
50	1/5	2200	1206.0	44.3	101.0	58.4	114.9	50.1	4.5	58.2	36.8	72.6	59.8	35.0	90.8	0.26	14.2
50	1/6	1400	1128.0	41.4	119.6	58.4	136.0	50.1	4.5	48.2	33.6	70.6	49.4	32.3	88.3	0.21	10.0
50	1/6	1600	1128.0	41.4	119.6	58.4	136.0	50.1	4.5	51.6	33.1	71.2	53.0	31.5	89.0	0.26	10.4
50	1/6	1800	1128.0	41.4	119.6	58.4	136.0	50.1	4.5	54.8	32.7	71.9	56.5	30.9	89.9	0.29	10.9
50	1/6	2000	1128.0	41.4	119.6	58.4	136.0	50.1	4.5	57.8	32.6	72.5	59.7	30.5	90.6	0.32	11.3
60	1/3	2800	2092.0	76.4	69.5	69.8	69.4	50.1	4.5	66.8	58.8	73.7	67.1	58.6	92.1	0.07	32.9
60	1/3	3000	2092.0	76.4	69.5	69.8	69.4	50.1	4.5	68.7	58.9	74.3	69.1	58.6	92.9	0.08	33.9
60	1/3	3200	2092.0	76.4	69.5	69.8	69.4	50.1	4.5	70.6	59.1	75.0	71.0	58.8	93.8	0.09	34.8
60	1/3	3400	2092.0	76.4	69.5	69.8	69.4	50.1	4.5	72.4	59.1	75.6	72.8	59.1	94.5	0.10	35.8
60	1/4	2200	1828.0	67.5	92.1	69.6	92.1	50.1	4.5	60.7	50.8	73.4	61.0	50.5	91.8	0.09	22.2
60	1/4	2400	1828.0	67.5	92.1	69.6	92.1	50.1	4.5	63.1	50.7	74.0	63.4	50.4	92.5	0.11	22.9
60	1/4	2600	1828.0	67.5	92.1	69.6	92.1	50.1	4.5	65.4	50.8	74.6	65.8	50.4	93.3	0.13	23.6
60	1/4	2800	1828.0	67.5	92.1	69.6	92.1	50.1	4.5	67.6	51.0	75.3	68.0	50.6	94.1	0.15	24.3
60	1/5	1800	1659.0	61.4	115.7	69.3	115.7	50.0	4.5	56.6	45.1	73.0	56.8	44.9	91.3	0.12	16.0
60	1/5	2000	1659.0	61.4	115.7	69.3	115.7	50.0	4.5	59.5	44.8	73.7	59.8	44.5	92.1	0.15	16.6
60	1/5	2200	1659.0	61.4	115.7	69.3	115.7	50.0	4.5	62.2	44.6	74.3	62.6	44.3	92.9	0.17	17.1
60	1/5	2400	1659.0	61.4	115.7	69.3	115.7	50.0	4.5	64.9	44.6	75.0	65.3	44.2	93.8	0.19	17.7
60	1/6	1600	1560.0	57.1	136.8	69.1	137.0	50.0	4.5	55.3	41.3	73.0	55.6	41.1	91.3	0.15	12.9
60	1/6	1800	1560.0	57.1	136.8	69.1	137.0	50.0	4.5	58.6	40.8	73.7	58.9	40.5	92.1	0.19	13.4
60	1/6	2000	1560.0	57.1	136.8	69.1	137.0	50.0	4.5	61.6	40.4	74.3	62.0	40.1	92.9	0.21	13.8
60	1/6	2200	1560.0	57.1	136.8	69.1	137.0	50.0	4.5	64.5	40.3	75.0	65.0	39.9	93.8	0.24	14.3

附注 1. 表列主要组合和附加组合均为活载加于一侧桥孔的情况。附加组合的计算数值列入汽车-20级或挂车-100验算二者的较大者。

2. 基底合力偏心距 e_0 与基底面顺桥向的核心半径 ρ 的比值应不大于 1 ($\rho = \frac{a}{6}$，式中 a 为基底顺桥向宽度)。

石拱桥
汽车-20级，挂车-100
跨径 25,30,40,50,60米，矢跨比 1/3,1/4,1/5,1/6
桥墩计算数值表（三）
净—7
图号 26

跨径 L_0 (米)	矢跨比 f/L_0	桥台高度 H (厘米)	拱圈恒载 推力 H_g (吨)	拱圈恒载 反力 V_g (吨)	腹拱圈恒载 推力 H_{g1} (吨)	腹拱圈恒载 反力 V_{g1} (吨)	桥孔上部活载 汽车-20级 最大推力 H_p (吨)	桥孔上部活载 汽车-20级 相反应力 V_p (吨)	桥孔上部活载 挂车-100 最大推力 H_p (吨)	桥孔上部活载 挂车-100 相反应力 V_p (吨)	台背土压力 基顶起算 E_0 (吨)	台背土压力 基底起算 E_1 (吨)	汽车荷载制动力 T (吨)	温度上升产生的拱脚推力 H_t (吨)	基底土壤承载力及合力偏心距比值 活载在桥孔 σ_1 (吨/米²)	活载在桥孔 σ_2 (吨/米²)	活载在桥孔 e_0/ρ	活载在台背 σ_1 (吨/米²)	活载在台背 σ_2 (吨/米²)	活载在台背 e_0/ρ	容许应力 $[\sigma]$ (吨/米²)	滑动稳定系数 K
25	1/3	1200	337.0	498.0	21.4	36.1	40.3	42.2	65.0	50.2	298.5	406.3	4.5	2.0	20.3	35.9	0.28	18.2	37.2	0.34	54.2	10.7*
		1400	337.0	498.0	21.4	36.1	40.3	42.2	65.0	50.2	406.3	530.7	4.5	2.0	23.6	38.9	0.25	21.3	40.5	0.31		5.2*
		1600	337.0	498.0	21.4	36.1	40.3	42.2	65.0	50.2	530.7	671.7	4.5	2.0	26.1	42.9	0.24	23.8	44.6	0.30		3.6*
		1800	337.0	498.0	21.4	36.1	40.3	42.2	65.0	50.2	671.7	829.2	4.5	2.0	28.1	47.6	0.26	25.8	49.4	0.31		2.9*
	1/4	1000	409.0	442.0	26.6	32.2	53.3	42.0	86.1	50.1	207.3	298.5	4.5	4.1	25.1	24.6	0.01	21.6	27.2	0.12	53.0	3.4
		1200	409.0	442.0	26.6	32.2	53.3	42.0	86.1	50.1	298.5	406.3	4.5	4.1	29.1	26.8	0.04	25.1	29.8	0.08		7.8
		1400	409.0	442.0	26.6	32.2	53.3	42.0	86.1	50.1	406.3	530.7	4.5	4.1	32.0	30.3	0.09	27.8	33.6	0.09	54.2	7.9*
		1600	409.0	442.0	26.6	32.2	53.3	42.0	86.1	50.1	530.7	671.7	4.5	4.1	33.2	35.5	0.03	29.9	38.1	0.12		4.5*
	1/5	800	477.0	407.0	31.5	29.7	66.9	41.9	108.1	50.1	132.7	207.3	4.5	6.8	25.0	17.5	0.17	21.9	19.9	0.05	53.0	1.6
		1000	477.0	407.0	31.5	29.7	66.9	41.9	108.1	50.1	207.3	298.5	4.5	6.8	30.3	18.5	0.24	26.5	21.3	0.11		2.5
		1200	477.0	407.0	31.5	29.7	66.9	41.9	108.1	50.1	298.5	406.3	4.5	6.8	34.1	20.9	0.24	29.9	24.3	0.10	54.2	4.5
		1400	477.0	407.0	31.5	29.7	66.9	41.9	108.1	50.1	406.3	530.7	4.5	6.8	37.0	24.6	0.20	32.6	28.2	0.07		13.0
	1/6	800	550.0	392.0	36.3	27.9	79.1	41.8	128.0	50.1	132.7	207.3	4.5	10.2	22.6	17.9	0.11	20.5	19.2	0.03		1.7
		1000	550.0	392.0	36.3	27.9	79.1	41.8	128.0	50.1	207.3	298.5	4.5	10.2	29.0	18.2	0.23	26.1	20.5	0.12	54.2	2.3
		1200	550.0	392.0	36.3	27.9	79.1	41.8	128.0	50.1	298.5	406.3	4.5	10.2	31.7	21.8	0.19	28.9	24.0	0.09		3.9
		1400	550.0	392.0	36.3	27.9	79.1	41.8	128.0	50.1	406.3	530.7	4.5	10.2	36.7	23.9	0.21	33.1	26.9	0.10		7.2
30	1/3	1400	457.0	676.0	26.7	46.7	44.6	52.8	66.7	50.0	406.3	530.7	4.5	2.1	21.8	43.3	0.33	19.9	44.3	0.38		13.8*
		1600	457.0	676.0	26.7	46.7	44.6	52.8	66.7	50.0	530.7	671.7	4.5	2.1	25.4	46.1	0.29	23.3	47.3	0.34	54.2	6.0*
		1800	457.0	676.0	26.7	46.7	44.6	52.8	66.7	50.0	671.7	829.2	4.5	2.1	28.2	49.8	0.28	26.0	51.2	0.33		4.1*
		2000	457.0	676.0	26.7	46.7	44.6	52.8	66.7	50.0	829.2	1003.3	4.5	2.1	30.3	54.3	0.28	28.1	55.8	0.33		3.2*
	1/4	1200	552.0	600.0	33.1	41.6	59.0	52.8	88.4	50.0	298.5	406.3	4.5	4.2	27.9	30.6	0.05	25.1	32.4	0.13		3.6
		1400	552.0	600.0	33.1	41.6	59.0	52.8	88.4	50.0	406.3	530.7	4.5	4.2	31.9	32.7	0.01	28.9	34.8	0.09	54.2	8.0
		1600	552.0	600.0	33.1	41.6	59.0	52.8	88.4	50.0	530.7	671.7	4.5	4.2	34.8	36.2	0.02	31.7	38.5	0.10		10.5*
		1800	552.0	600.0	33.1	41.6	59.0	52.8	88.4	50.0	671.7	829.2	4.5	4.2	37.0	40.5	0.05	33.8	42.9	0.12		5.4*

附注：
1. e_0 为基底合力偏心距，$\rho = \frac{A/y}{A}$ — 基础底面顺桥的核心半径，其值应小于或等于1。
2. σ_1 为靠岸的基底边缘压应力，σ_2 为靠河的基底边缘压应力。表列值取汽车-20级加挂车荷载或挂车-100验算二者之较大者。
3. 滑动稳定系数所有带*者向河滑移，其他向岸滑移。

石拱桥
跨径：25、30、40、50、60米；矢跨比含表

U型桥台计算数值表(一)

跨径 L (米)	矢跨比 f/L	桥台高度 H (厘米)	拱圈恒载 推力 Hg (吨)	拱圈恒载 反力 Vg (吨)	腹拱圈恒载 推力 Hg₁ (吨)	腹拱圈恒载 反力 Vg₁ (吨)	桥孔上部活载 汽车-20级 最大推力 Hp (吨)	桥孔上部活载 汽车-20级 相应反力 Vp (吨)	桥孔上部活载 挂车-100 最大推力 Hp' (吨)	桥孔上部活载 挂车-100 相应反力 Vp' (吨)	台背土压力 基顶起算 E₀ (吨)	台背土压力 基底起算 E₁ (吨)	汽车荷载制动力 T (吨)	温度上升产生的拱脚推力 Ht (吨)	活载在桥孔 σ₁ (吨/米²)	活载在桥孔 σ₂ (吨/米²)	活载在桥孔 e₀/ρ	活载在台背 σ₁ (吨/米²)	活载在台背 σ₂ (吨/米²)	活载在台背 e₀/ρ	容许应力 [σ] (吨/米²)	滑动稳定系数 K
30	1/5	1000	645.0	553.0	38.8	38.1	73.9	52.8	110.9	50.0	207.3	298.5	4.5	7.0	30.2	21.0	0.18	27.0	23.3	0.07	54.2	1.7
30	1/5	1200	645.0	553.0	38.8	38.1	73.9	52.8	110.9	50.0	298.5	406.3	4.5	7.0	35.4	21.9	0.24	31.6	24.8	0.12	54.2	2.6
30	1/5	1400	645.0	553.0	38.8	38.1	73.9	52.8	110.9	50.0	406.3	530.7	4.5	7.0	39.2	24.4	0.23	35.2	27.7	0.12	54.2	4.5
30	1/5	1600	645.0	553.0	38.8	38.1	73.9	52.8	110.9	50.0	530.7	671.7	4.5	7.0	42.1	28.1	0.20	37.8	31.6	0.09	54.2	11.2
30	1/6	800	729.0	524.0	44.6	35.7	87.4	52.8	131.4	50.0	132.7	207.3	4.5	10.5	19.6	21.8	0.05	18.6	22.1	0.09	54.2	1.4
30	1/6	1000	729.0	524.0	44.6	35.7	87.4	52.8	131.4	50.0	207.3	298.5	4.5	10.5	26.6	21.6	0.10	24.7	22.9	0.04	54.2	1.9
30	1/6	1200	729.0	524.0	44.6	35.7	87.4	52.8	131.4	50.0	298.5	406.3	4.5	10.5	32.8	22.3	0.19	30.2	24.3	0.11	54.2	2.5
30	1/6	1400	729.0	524.0	44.6	35.7	87.4	52.8	131.4	50.0	406.3	530.7	4.5	10.5	37.1	24.8	0.20	34.1	27.1	0.11	54.2	3.9
40	1/3	1600	673.0	1052.0	26.7	46.7	54.4	52.8	68.0	50.1	530.7	671.7	4.5	1.7	17.4	59.8	0.55	15.5	60.8	0.59	88.4	18.8
40	1/3	1800	673.0	1052.0	26.7	46.7	54.4	52.8	68.0	50.1	671.7	829.2	4.5	1.7	23.4	59.0	0.43	21.6	60.0	0.47	88.4	13.0*
40	1/3	2000	673.0	1052.0	26.7	46.7	54.4	52.8	68.0	50.1	829.2	1003.3	4.5	1.7	27.1	61.6	0.39	25.2	62.8	0.43	88.4	7.2*
40	1/3	2200	673.0	1052.0	26.7	46.7	54.4	52.8	68.0	50.1	1003.3	1194.0	4.5	1.7	30.1	65.0	0.37	28.1	66.4	0.41	88.4	5.2*
40	1/4	1400	820.0	932.0	33.1	41.6	72.0	52.8	90.2	50.1	406.3	530.7	4.5	3.4	27.6	41.7	0.20	25.1	43.4	0.27	88.4	3.9
40	1/4	1600	820.0	932.0	33.1	41.6	72.0	52.8	90.2	50.1	530.7	671.7	4.5	3.4	32.9	42.5	0.13	30.1	44.4	0.19	88.4	6.8
40	1/4	1800	820.0	932.0	33.1	41.6	72.0	52.8	90.2	50.1	671.7	829.2	4.5	3.4	36.8	44.8	0.10	33.8	47.0	0.16	88.4	18.4
40	1/4	2000	820.0	932.0	33.1	41.6	72.0	52.8	90.2	50.1	829.2	1003.3	4.5	3.4	39.8	48.2	0.10	36.7	50.6	0.16	88.4	12.6*
40	1/5	1200	920.0	873.0	31.5	29.7	90.4	52.8	113.4	50.1	298.5	406.3	4.5	5.7	30.5	31.4	0.01	27.7	33.3	0.09	88.4	2.2
40	1/5	1400	920.0	873.0	31.5	29.7	90.4	52.8	113.4	50.1	406.3	530.7	4.5	5.7	39.8	29.0	0.16	36.0	32.1	0.06	88.4	2.9
40	1/5	1600	920.0	873.0	31.5	29.7	90.4	52.8	113.4	50.1	530.7	671.7	4.5	5.7	41.6	32.5	0.12	38.1	35.3	0.04	88.4	4.8
40	1/5	1800	920.0	873.0	31.5	29.7	90.4	52.8	113.4	50.1	671.7	829.2	4.5	5.7	47.4	33.8	0.17	43.0	37.4	0.07	88.4	8.7
40	1/6	1000	1117.0	824.0	36.3	27.9	107.0	52.9	134.3	50.1	207.3	298.5	4.5	8.5	23.1	27.8	0.09	22.0	28.3	0.13	88.4	1.7
40	1/6	1200	1117.0	824.0	36.3	27.9	107.0	52.9	134.3	50.1	298.5	406.3	4.5	8.5	30.8	27.0	0.07	29.0	28.2	0.01	88.4	2.1
40	1/6	1400	1117.0	824.0	36.3	27.9	107.0	52.9	134.3	50.1	406.3	530.7	4.5	8.5	38.0	26.9	0.17	35.6	28.8	0.11	88.4	2.7
40	1/6	1600	1117.0	824.0	36.3	27.9	107.0	52.9	134.3	50.1	530.7	671.7	4.5	8.5	42.8	28.8	0.20	40.0	31.0	0.13	88.4	3.7

附注：1. e_0 为基底合力偏心距，$\rho = \dfrac{W}{A}$ — 基础底面核桥的核心半径，其值应小于或等于1。

2. σ_1 为靠岸的基底边缘压应力，σ_2 为靠河的基底边缘压应力，表列值取汽车-20级和附加荷载或挂车-100验算二者之较大者。

3. 滑动稳定系数标有*者为向河滑移，其他向岸滑移。

石拱桥

汽车-20级，挂车-100

跨径：25、30、40、50、60米；矢跨比：1/3、1/4、1/5、1/6

准—7

U型桥台计算数值表（二） 图号 28

跨径 L_0 (米)	矢跨比 $\frac{f}{L_0}$	桥台高度 H (厘米)	拱圈恒载 推力 H_g (吨)	拱圈恒载 反力 V_g (吨)	腹拱圈恒载 推力 H_{g1} (吨)	腹拱圈恒载 反力 V_{g1} (吨)	桥孔上部活载 汽车-20级 最大推力 H_p (吨)	桥孔上部活载 汽车-20级 相应反力 V_p (吨)	桥孔上部活载 挂车-100 最大推力 H_p (吨)	桥孔上部活载 挂车-100 相应反力 V_p (吨)	台背土压力 基顶起算 E_0 (吨)	台背土压力 基底起算 E_1 (吨)	汽车荷载制动力 T (吨)	温度上升产生的拱脚推力 H_t (吨)	基底土壤承载力及合力偏心距比值 活载在桥孔 σ_1 (吨/米²)	活载在桥孔 σ_2 (吨/米²)	活载在桥孔 $\frac{e_0}{\rho}$	活载在台背 σ_1 (吨/米²)	活载在台背 σ_2 (吨/米²)	活载在台背 $\frac{e_0}{\rho}$	容许应力 $[\sigma_h]$ (吨/米²)	滑动稳定系数 K
50	1/3	2000	944.0	1466.0	37.9	67.4	60.8	58.6	68.9	50.1	829.2	1003.3	4.5	1.5	21.8	70.6	0.53	20.7	71.0	0.55	88.4	47.6*
		2200	944.0	1466.0	37.9	67.4	60.8	58.6	68.9	50.1	1003.3	1194.0	4.5	1.5	27.6	70.4	0.44	26.5	70.9	0.46		13.3*
		2400	944.0	1466.0	37.9	67.4	60.8	58.6	68.9	50.1	1194.0	1401.3	4.5	1.5	32.4	71.6	0.38	31.3	72.2	0.40		8.4*
		2600	944.0	1466.0	37.9	67.4	60.8	58.6	68.9	50.1	1401.3	1625.2	4.5	1.5	36.5	73.7	0.34	35.4	74.3	0.35		6.5*
	1/4	1600	1141.0	1295.0	48.0	59.6	80.5	58.5	91.4	50.1	530.7	671.7	4.5	3.0	27.0	53.5	0.33	24.8	54.7	0.38	88.4	3.4
		1800	1141.0	1295.0	48.0	59.6	80.5	58.5	91.4	50.1	671.7	829.2	4.5	3.0	33.5	52.7	0.22	31.1	54.4	0.27		5.1
		2000	1141.0	1295.0	48.0	59.6	80.5	58.5	91.4	50.1	829.2	1003.3	4.5	3.0	38.5	53.8	0.17	35.8	55.7	0.22		9.4
		2200	1141.0	1295.0	48.0	59.6	80.5	58.5	91.4	50.1	1003.3	1194.0	4.5	3.0	42.3	56.3	0.14	39.5	58.3	0.19		33.8
	1/5	1400	1342.0	1206.0	46.0	44.3	101.0	58.4	114.9	50.1	406.3	530.7	4.5	5.0	32.0	39.5	0.11	29.9	40.8	0.16	88.4	2.0
		1600	1342.0	1206.0	46.0	44.3	101.0	58.4	114.9	50.1	530.7	671.7	4.5	5.0	41.6	36.8	0.06	38.5	39.3	0.01		2.5
		1800	1342.0	1206.0	46.0	44.3	101.0	58.4	114.9	50.1	671.7	829.2	4.5	5.0	50.2	35.3	0.17	46.2	38.6	0.09		3.3
		2000	1342.0	1206.0	46.0	44.3	101.0	58.4	114.9	50.1	829.2	1003.3	4.5	5.0	51.4	39.4	0.13	48.1	42.0	0.07		5.3
	1/6	1200	1516.0	1128.0	53.0	41.4	119.6	58.4	136.0	50.1	298.5	406.3	4.5	7.5	26.8	33.8	0.15	25.6	34.4	0.15	88.4	1.6
		1400	1516.0	1128.0	53.0	41.4	119.6	58.4	136.0	50.1	406.3	530.7	4.5	7.5	35.3	32.4	0.04	33.4	33.8	0.00		2.0
		1600	1516.0	1128.0	53.0	41.4	119.6	58.4	136.0	50.1	530.7	671.7	4.5	7.5	43.2	31.6	0.15	40.9	33.3	0.10		2.4
		1800	1516.0	1128.0	53.0	41.4	119.6	58.4	136.0	50.1	671.7	829.2	4.5	7.5	48.3	33.0	0.19	45.8	35.0	0.13		3.2
60	1/3	2400	1348.0	2092.0	43.7	76.4	69.5	69.8	69.4	50.1	1194.0	1401.3	4.5	1.8	28.4	79.3	0.47	27.8	79.2	0.48	88.4	68.4
		2600	1348.0	2092.0	43.7	76.4	69.5	69.8	69.4	50.1	1401.3	1625.2	4.5	1.8	33.8	79.9	0.40	33.2	79.9	0.41		19.0*
		2800	1348.0	2092.0	43.7	76.4	69.5	69.8	69.4	50.1	1625.2	1865.7	4.5	1.8	38.6	81.4	0.36	37.9	81.5	0.37		11.3*
		3000	1348.0	2092.0	43.7	76.4	69.5	69.8	69.4	50.1	1865.7	2122.8	4.5	1.8	42.8	83.6	0.32	42.2	83.6	0.33		8.4*
	1/4	2000	1611.0	1828.0	53.6	67.5	92.1	69.6	92.1	50.1	829.2	1003.3	4.5	3.6	32.5	64.6	0.33	30.8	65.6	0.36	88.4	4.0
		2200	1611.0	1828.0	53.6	67.5	92.1	69.6	92.1	50.1	1003.3	1194.0	4.5	3.6	38.2	64.0	0.25	36.5	65.0	0.28		6.1
		2400	1611.0	1828.0	53.6	67.5	92.1	69.6	92.1	50.1	1194.0	1401.3	4.5	3.6	42.7	65.1	0.21	41.0	66.1	0.23		11.1
		2600	1611.0	1828.0	53.6	67.5	92.1	69.6	92.1	50.1	1401.3	1625.2	4.5	3.6	46.4	67.3	0.18	44.8	68.3	0.21		32.9
	1/5	1600	1860.0	1659.0	63.3	61.4	115.7	69.3	115.7	50.0	530.7	671.7	4.5	6.0	32.9	49.0	0.20	31.2	49.8	0.23	88.4	1.9
		1800	1860.0	1659.0	63.3	61.4	115.7	69.3	115.7	50.0	671.7	829.2	4.5	6.0	42.9	46.1	0.04	40.5	47.5	0.08		2.3
		2000	1860.0	1659.0	63.3	61.4	115.7	69.3	115.7	50.0	829.2	1003.3	4.5	6.0	52.1	44.0	0.08	49.3	45.9	0.04		2.8
		2200	1860.0	1659.0	63.3	61.4	115.7	69.3	115.7	50.0	1003.3	1194.0	4.5	6.0	54.7	46.5	0.08	52.1	48.4	0.04		4.0
	1/6	1400	2113.0	1560.0	72.3	57.1	136.8	69.1	137.0	50.0	406.3	530.7	4.5	9.0	29.9	40.7	0.15	28.8	41.1	0.18	88.4	1.5
		1600	2113.0	1560.0	72.3	57.1	136.8	69.1	137.0	50.0	530.7	671.7	4.5	9.0	38.9	38.9	0.00	37.3	39.8	0.03		1.8
		1800	2113.0	1560.0	72.3	57.1	136.8	69.1	137.0	50.0	671.7	829.2	4.5	9.0	47.4	37.5	0.12	45.5	38.8	0.08		2.1
		2000	2113.0	1560.0	72.3	57.1	136.8	69.1	137.0	50.0	829.2	1003.3	4.5	9.0	51.4	39.6	0.13	49.4	40.9	0.09		2.8

附注: 1. e_0 为基底合力偏心距, $\rho=\frac{A}{S}$—基础底面顺桥的核心半径, 其值应小于或等于1。

2. σ_1 为靠岸的基底边缘压应力, σ_2 为靠河的基底边缘压应力, 表列值取汽车—20级加附加荷载或挂车—100验算二者之较大者。

3. 滑动稳定系数标有*者为向河滑移, 其他向岸滑移。

石拱桥

跨径 25, 30, 40, 50, 60米矢跨比 $\frac{1}{3}, \frac{1}{4}, \frac{1}{5}, \frac{1}{6}$

汽车-20级·挂车-100

净——7

U型桥台计算数值表（三） 图号 29

跨径 L (米)	矢跨比 f₀/L	桥台高度 H (厘米)	基底合力偏心距比值 e₀/ρ	基底承载力 σ₁ (吨/米²)	基底承载力 σ₂ (吨/米²)	滑动稳定系数 K
25	1/3	1200	0.62	77.9	18.9	16.0
		1400	1.33	119.7	—	33.8
		1600	1.44	123.9	—	39.7
		1800	1.42	121.0	—	17.1
	1/4	800	0.39	23.3	53.3	3.2
		1000	1.30	101.2	—	3.8
		1200	1.32	89.5	—	4.9
		1400	1.47	97.8	—	6.8
	1/5	800	1.48	100.7	—	2.0
		1000	1.44	80.2	—	2.5
		1200	1.42	75.8	—	3.1
		1400	1.32	68.4	—	4.3
	1/6	600	0.60	54.5	13.7	1.4
		800	1.21	60.5	—	1.6
		1000	1.22	56.1	—	2.0
		1200	1.25	58.1	—	2.5
30	1/3	1200	0.41	31.3	75.6	7.4
		1400	0.85	106.6	9.3	9.4
		1600	1.33	137.0	—	13.6
		1800	1.41	133.1	—	25.4
	1/4	1000	0.33	63.2	32.5	2.8
		1200	1.44	120.6	—	3.3
		1400	1.43	105.5	—	4.1
		1600	1.44	102.2	—	5.3
	1/5	800	0.32	50.9	29.1	1.7
		1000	1.31	87.8	—	2.3
		1200	1.32	76.0	—	2.3
		1400	1.34	77.1	—	1.8
	1/6	800	1.29	83.0	—	1.3
		1000	1.26	65.3	—	1.6
		1200	1.32	63.6	—	1.9
		1400	1.29	65.3	—	2.4
40	1/3	1800	0.37	43.7	95.3	11.9
		1800	0.59	117.9	30.1	16.0
		2000	1.00	142.1	—	25.7
		2200	1.28	161.8	—	64.3
	1/4	1400	0.87	118.6	6.2	3.5
		1600	1.41	133.3	—	4.1
		1800	1.34	128.0	—	4.9
		2000	1.21	110.6	—	6.4

跨径 L (米)	矢跨比 f₀/L	桥台高度 H (厘米)	基底合力偏心距比值 e₀/ρ	基底承载力 σ₁ (吨/米²)	基底承载力 σ₂ (吨/米²)	滑动稳定系数 K
40	1/5	1200	1.19	119.9	—	2.2
		1400	1.24	104.3	—	2.6
		1600	1.19	92.7	—	2.9
		1800	1.06	82.5	—	3.8
	1/6	1000	1.26	110.3	—	1.4
		1200	1.33	92.4	—	1.6
		1400	1.29	82.0	—	1.9
		1600	1.00	66.1	—	2.2
50	1/3	2000	0.26	62.9	106.9	14.2
		2400	0.55	178.4	40.2	19.0
		2400	0.61	129.1	31.0	32.6
		2600	0.74	133.8	19.6	100.0
	1/4	1600	0.20	88.2	59.2	3.6
		1800	1.03	147.9	—	3.9
		2000	1.17	143.8	—	4.5
		2200	1.19	136.1	—	5.5
	1/5	1400	1.14	147.2	—	2.1
		1600	1.27	132.7	—	2.3
		1800	1.30	121.8	—	2.6
		2000	1.08	90.4	—	3.1
	1/6	1200	1.27	142.0	—	1.5
		1400	1.26	108.3	—	1.6
		1600	1.25	97.8	—	1.8
		1800	1.15	87.3	—	2.1
60	1/3	2400	0.26	75.5	130.6	15.9
		2600	0.21	121.8	80.0	21.2
		2800	0.43	137.3	54.1	33.2
		3000	0.58	145.4	38.2	78.1
	1/4	2000	0.58	144.0	38.4	3.9
		2200	0.85	152.9	12.1	4.3
		2400	0.92	144.0	6.2	5.0
		2600	1.01	144.5	—	5.8
	1/5	1600	0.70	137.0	24.2	2.1
		1800	1.10	149.4	—	2.3
		2000	1.20	148.1	—	2.6
		2200	1.40	154.1	—	2.8
	1/6	1400	1.12	152.4	—	1.5
		1600	1.36	147.2	—	1.6
		1800	1.37	132.0	—	1.7
		2000	1.38	121.1	—	2.0

附注：

1. 表中各项计算数值均以附加组合的计算值填列。

2. 偏心距 e_0 与基底面顺桥向的核心半径 $\rho(=\frac{A}{S})$ 的比值应不大于1.5。

3. 地基基本承载力采用150吨/米²。由于主要组合荷载与附加组合荷载，计算结果相差不大（跨径较大的情况）或远较地基基本承载力为小（跨径较小的情况），故仅列有附加组合荷载的计算值。为便于施工中掌握，其容许承载力即采用基本承载力，不予提高。

   表中：$σ_1$ 为靠岸的基底边缘承载力，$σ_2$ 为靠河的基底边缘承载力。

   取汽车—20级加附加荷载或挂车—100验算二者之较大值。

4. 滑动稳定系数按台部基底为0.3:1的斜面简略计算（如全部做成水平面，则桥台的稳定性大都不能保证）。台身圬工与地基间的摩擦系数采用0.6，为保证桥台的抗滑稳定，要求台身背面有适当深度嵌入岩石层（见图号16）。

5. 如地基岩石较差，则需另行设计，或参照本图变更（加大台底尺寸）。假定基底合力及其作用点不变，可近似计算如下：

   设变更后的A与 e_0/ρ，分别为A'与 e_0'/ρ'。比值 e_0'/ρ' 对照地基条件根据规范规定的限制范围予以降低，按下列各式计算：

   $$A' = \frac{(3+e_0/\rho)A}{3+e_0'/\rho'}$$

   变更后的基底最大边缘承载力 $σ'_{max}$：

   当 $e_0/\rho \geq e_0'/\rho' \geq 1$ 时 $\quad σ'_{max} = \frac{A(3-e_0'/\rho')}{A'(3-e_0/\rho)}σ_{max}$

   当 $e_0/\rho \geq 1$，$e_0'/\rho' < 1$ 时 $\quad σ'_{max} = \frac{A}{A A'}(3-\frac{e_0}{\rho})(1+\frac{e_0'}{\rho'})σ_{max}$

   当 $e_0/\rho < 1$，$e_0'/\rho' < 1$ 时 $\quad σ'_{max} = \frac{A(1+e_0'/\rho')}{A'(1+e_0/\rho)}σ_{max}$

   变更后的滑动稳定系数 $K' = \frac{f'}{f}K = \frac{f'}{0.6}K$ 式中：f' 为根据地基石质对照规范确定的摩擦系数。

石拱桥

跨径25、30、40、50、60米；矢跨比 1/3、1/4、1/5、1/6

引桥式桥台计算数值表

汽车—20级·挂车—100

净—7

图号 30

跨径 L_0 (米)	矢跨比 f_0/L_0	材料规格及污工体积。单位：米³									勾缝面积 单位：米²		
		拱圈 (材料规格见图号22)	横墙 (75号砂浆砌块石)	腹拱拱圈 (100号砂浆砌粗料石)	侧墙 (50号砂浆砌块石)	填料 (10号砂浆砌片石)	抹平层 (100号小石子混凝土)	人行道 (75号砂浆砌粗料石)	行车道铺装 (沥青碎石或泥结碎石路面)	石砌栏杆 (100号砂浆砌料石)	拱圈侧面及拱腹面	腹拱拱圈及横墙外露面	侧墙及人行道外侧面
25	1/3	192.7	37.5	42.5	18.8	87.8	14.1	26.1	46.8	11.2	321	276	68
	1/4	176.2	25.6	38.3	15.4	71.8	13.9	25.9	46.5	11.2	293	222	63
	1/5	167.9	19.0	36.1	12.5	58.2	13.9	25.7	46.2	11.1	279	192	59
	1/6	162.6	18.4	34.9	11.2	52.1	13.8	25.6	45.9	11.0	270	186	57
30	1/3	264.0	49.0	57.9	27.3	127.5	16.8	31.2	56.1	13.5	392	325	88
	1/4	241.5	36.7	52.3	22.0	102.8	16.7	31.0	55.7	13.4	369	271	80
	1/5	230.0	30.6	49.2	18.0	84.1	16.6	30.8	55.3	13.3	342	243	75
	1/6	222.8	24.5	47.5	15.4	71.7	16.5	30.6	55.0	13.2	331	219	71
40	1/3	394.5	140.0	86.9	32.9	153.7	22.2	41.1	73.9	17.7	531	646	111
	1/4	361.0	105.9	78.4	27.3	127.5	22.0	40.9	73.4	17.6	486	527	104
	1/5	344.0	89.8	54.2	26.6	124.1	21.9	40.6	72.9	17.5	463	460	102
	1/6	333.3	74.1	52.3	23.8	111.2	21.8	40.4	72.6	17.4	449	407	98
50	1/3	546.8	191.2	126.7	50.4	235.1	27.5	51.2	91.8	22.0	675	819	151
	1/4	500.5	147.9	113.9	41.1	192.0	27.4	50.9	91.3	21.9	618	677	138
	1/5	477.0	133.4	83.5	36.8	171.8	27.2	50.6	90.8	21.8	589	588	132
	1/6	462.2	110.5	80.3	31.7	148.0	27.1	50.4	90.4	21.7	571	521	125
60	1/3	787.4	282.9	139.4	79.0	368.7	33.0	61.2	109.9	26.4	901	1029	206
	1/4	720.7	214.1	126.0	63.7	297.0	32.8	60.9	109.4	26.3	825	835	185
	1/5	686.9	169.2	118.8	51.9	242.1	32.7	60.7	108.9	26.1	786	712	169
	1/6	665.6	143.0	114.1	45.3	211.1	32.5	60.4	108.4	26.0	761	639	159

附注：表列数量为一孔上部构造的材料数量

石拱桥

汽车-20级、挂车-100

跨径：25、30、40、50、60米；矢跨比 1/3、1/4、1/5、1/6

上部构造材料表

图号 31

材料规格及圬工体积　　单位：米³

跨径 L₀ (米)	矢跨比 f₀/L₀	桥墩高度 H (厘米)	基础 (75号砂浆砌片石块石砌面)	墩身 (75号砂浆砌片石块石砌面)	横墙 (75号砂浆砌片石)	侧墙 (50号砂浆砌片石)	填料 (10号砂浆砌块石)	找平层 (100号水石子混凝土)	人行道 (75号砂浆砌粗料石)	行车道铺装 (沥青砂泥结砂石)	石砌栏杆 (100号砂浆砌料石)	勾缝面积 (米²)
25	1/3	1400	111.0	138.0	81.9	1.3	6.1	0.4	0.7	1.3	0.3	264
		1600	115.6	200.1	81.9	1.3	6.1	0.4	0.7	1.3	0.3	316
		1800	120.2	265.7	81.9	1.3	6.1	0.4	0.7	1.3	0.3	369
		2000	125.0	335.1	81.9	1.3	6.1	0.4	0.7	1.3	0.3	422
	1/4	1200	111.2	142.6	67.4	1.2	5.7	0.5	0.9	1.6	0.4	229
		1400	115.8	204.8	67.4	1.2	5.7	0.5	0.9	1.6	0.4	282
		1600	120.4	270.6	67.4	1.2	5.7	0.5	0.9	1.6	0.4	334
		1800	125.2	340.0	67.4	1.2	5.7	0.5	0.9	1.6	0.4	388
	1/5	1000	109.4	121.6	57.9	1.1	5.3	0.6	1.1	1.9	0.5	188
		1200	114.0	182.4	57.9	1.1	5.3	0.6	1.1	1.9	0.5	240
		1400	118.7	246.9	57.9	1.1	5.3	0.6	1.1	1.9	0.5	293
		1600	123.4	315.0	57.9	1.1	5.3	0.6	1.1	1.9	0.5	346
	1/6	800	106.8	89.1	52.0	1.1	5.0	0.7	1.2	2.2	0.5	144
		1000	111.3	147.9	52.0	1.1	5.0	0.7	1.2	2.2	0.5	195
		1200	115.9	210.3	52.0	1.1	5.0	0.7	1.2	2.2	0.5	247
		1400	120.6	276.2	52.0	1.1	5.0	0.7	1.2	2.2	0.5	300
30	1/3	1600	129.1	180.1	123.5	2.0	9.4	0.5	0.9	1.7	0.4	314
		1800	134.0	256.0	123.5	2.0	9.4	0.5	0.9	1.7	0.4	370
		2000	139.0	335.7	123.5	2.0	9.4	0.5	0.9	1.7	0.4	426
		2200	144.0	419.3	123.5	2.0	9.4	0.5	0.9	1.7	0.4	483
	1/4	1400	130.4	201.6	100.9	1.8	8.5	0.6	1.2	2.1	0.5	283
		1600	135.3	278.4	100.9	1.8	8.5	0.6	1.2	2.1	0.5	339
		1800	140.2	359.1	100.9	1.8	8.5	0.6	1.2	2.1	0.5	395
		2000	145.3	443.7	100.9	1.8	8.5	0.6	1.2	2.1	0.5	452
30	1/5	1200	129.1	185.0	86.2	1.7	7.8	0.7	1.4	2.4	0.6	242
		1400	134.0	260.9	86.2	1.7	7.8	0.7	1.4	2.4	0.6	297
		1600	139.0	340.6	86.2	1.7	7.8	0.7	1.4	2.4	0.6	354
		1800	144.0	424.2	86.2	1.7	7.8	0.7	1.4	2.4	0.6	411
	1/6	1000	126.7	150.5	76.9	1.6	7.3	0.8	1.6	2.8	0.7	197
		1200	131.6	224.5	76.9	1.6	7.3	0.8	1.6	2.8	0.7	252
		1400	136.5	302.3	76.9	1.6	7.3	0.8	1.6	2.8	0.7	307
		1600	141.5	384.0	76.9	1.6	7.3	0.8	1.6	2.8	0.7	364
40	1/3	2000	149.3	242.8	204.5	2.7	12.6	0.7	1.3	2.3	0.5	417
		2200	154.4	334.0	204.5	2.7	12.6	0.7	1.3	2.3	0.5	475
		2400	159.6	429.3	204.5	2.7	12.6	0.7	1.3	2.3	0.5	535
		2600	165.0	528.8	204.5	2.7	12.6	0.7	1.3	2.3	0.5	595
	1/4	1600	147.5	217.2	166.1	2.4	11.0	0.8	1.5	2.7	0.6	334
		1800	152.7	307.1	166.1	2.4	11.0	0.8	1.5	2.7	0.6	392
		2000	157.9	401.0	166.1	2.4	11.0	0.8	1.5	2.7	0.6	452
		2200	163.2	499.1	166.1	2.4	11.0	0.8	1.5	2.7	0.6	512
	1/5	1400	147.5	219.9	143.7	1.9	8.7	1.0	1.8	3.2	0.8	298
		1600	152.7	309.9	143.7	1.9	8.7	1.0	1.8	3.2	0.8	357
		1800	157.9	403.8	143.7	1.9	8.7	1.0	1.8	3.2	0.8	416
		2000	163.2	501.8	143.7	1.9	8.7	1.0	1.8	3.2	0.8	476
	1/6	1200	145.8	193.6	127.8	1.7	8.0	1.1	2.0	3.0	0.9	253
		1400	151.0	282.2	127.8	1.7	8.0	1.1	2.0	3.6	0.9	311
		1600	156.1	374.8	127.8	1.7	8.0	1.1	2.0	3.6	0.9	370
		1800	161.4	471.5	127.8	1.7	8.0	1.1	2.0	3.6	0.9	430

附注：表列数量为一个桥墩的材料数量。

石拱桥
跨径：25、30、40、50、60米；矢跨比：按表查表
桥墩材料表（一）
图号 32

跨径 L_0 (米)	矢跨比 $\frac{f}{L_0}$	桥墩高度 H (厘米)	材料规格及圬工体积 单位:米³										勾缝面积 (米²)
			基础 (75号砂浆砌片石块石镶面)	墩身 (75号砂浆砌片石块石镶面)	横墙 (75号砂浆砌片石)	侧墙 (50号砂浆砌块石)	填料 (10号小石子混凝土)	抹平层 (100号小石子混凝土)	人行道 (75号砂浆砌粗料石)	行车道铺装 沥青碎石碾泥结碎石路面	石砌栏杆 (100号砂浆砌料石)	
50	1/3	2400	170.5	316.8	297.0	4.0	18.7	0.8	1.5	2.7	0.6	518
		2600	176.0	424.3	297.0	4.0	18.7	0.8	1.5	2.7	0.6	581
		2800	181.5	536.1	297.0	4.0	18.7	0.8	1.5	2.7	0.6	643
		3000	187.1	652.3	297.0	4.0	18.7	0.8	1.5	2.7	0.6	707
	1/4	1800	165.6	227.1	240.4	3.5	16.3	0.9	1.8	3.2	0.8	382
		2000	171.0	330.8	240.4	3.5	16.3	0.9	1.8	3.2	0.8	443
		2200	176.4	438.7	240.4	3.5	16.3	0.9	1.8	3.2	0.8	505
		2400	181.9	550.8	240.4	3.5	16.3	0.9	1.8	3.2	0.8	568
	1/5	1600	166.9	256.3	206.8	2.8	13.3	1.1	2.1	3.7	0.9	350
		1800	172.3	361.0	206.8	2.8	13.3	1.1	2.1	3.7	0.9	412
		2000	177.8	469.9	206.8	2.8	13.3	1.1	2.1	3.7	0.9	474
		2200	183.3	583.2	206.8	2.8	13.3	1.1	2.1	3.7	0.9	537
	1/6	1400	166.0	242.9	183.3	2.6	12.1	1.2	2.3	4.1	1.0	307
		1600	171.4	346.9	183.3	2.6	12.1	1.2	2.3	4.1	1.0	369
		1800	176.9	455.1	183.3	2.6	12.1	1.2	2.3	4.1	1.0	431
		2000	182.4	567.6	183.3	2.6	12.1	1.2	2.3	4.1	1.0	494
60	1/3	2800	192.6	398.3	384.5	4.8	22.6	0.9	1.6	3.0	0.7	621
		3000	198.4	522.8	384.5	4.8	22.6	0.9	1.6	3.0	0.7	687
		3200	204.2	651.8	384.5	4.8	22.6	0.9	1.6	3.0	0.7	753
		3400	210.1	785.4	384.5	4.8	22.6	0.9	1.6	3.0	0.7	820
	1/4	2200	189.8	344.9	314.0	4.2	19.7	1.0	1.9	3.5	0.8	491
		2400	195.5	467.2	314.0	4.2	19.7	1.0	1.9	3.5	0.8	556
		2600	201.3	593.9	314.0	4.2	19.7	1.0	1.9	3.5	0.8	622
		2800	207.1	725.2	314.0	4.2	19.7	1.0	1.9	3.5	0.8	688
	1/5	1800	187.0	290.5	268.4	3.8	17.6	1.2	2.2	4.0	1.0	399
		2000	192.6	410.5	268.4	3.8	17.6	1.2	2.2	4.0	1.0	464
		2200	198.4	535.0	268.4	3.8	17.6	1.2	2.2	4.0	1.0	529
		2400	204.2	664.0	268.4	3.8	17.6	1.2	2.2	4.0	1.0	595
	1/6	1600	187.0	295.6	239.6	3.5	16.3	1.3	2.5	4.5	1.1	360
		1800	192.6	415.6	239.6	3.5	16.3	1.3	2.5	4.5	1.1	424
		2000	198.4	540.1	239.6	3.5	16.3	1.3	2.5	4.5	1.1	490
		2200	204.2	669.1	239.6	3.5	16.3	1.3	2.5	4.5	1.1	556

附注: 1. 表列数量为一个桥墩的材料数量。
2. 跨径 L_0=60米时,墩身及基础采用75号砂浆砌大面片石,块石镶面。

石拱桥
汽车—20级·挂车—100
跨径:25、30、40、50、60米; 矢跨比 $\frac{f}{L_0}=\frac{1}{3}、\frac{1}{4}、\frac{1}{5}、\frac{1}{6}$
桥墩材料表(二)
图号 33

U型桥台材料表（一）

材料规格及圬工体积　单位：米³

跨径 L_0 (米)	矢跨比 f_0/L_0	桥台高度 H (厘米)	基础 (50号砂浆砌片石块石镶面)	台身砌体 (50号砂浆砌片石块石镶面)	台身填土 (砂类土或碎卵石类土)	人行道 (75号砂浆粗料石)	行车道铺装 (沥青碎石或泥结碎石路面)	石栏杆 (100号砂浆砌料石)	勾缝面积 (米²)
25	1/3	1200	205.3	562.9	284.2	7.9	14.2	3.4	239
		1400	225.3	770.6	326.9	8.9	15.9	3.8	320
		1600	245.3	1051.2	369.8	9.9	17.7	4.2	409
		1800	265.3	1345.8	412.6	10.8	19.4	4.7	506
	1/4	1000	185.3	393.8	233.4	7.0	12.6	3.0	183
		1200	205.3	580.2	282.5	8.0	14.4	3.5	256
		1400	225.3	887.1	325.1	9.0	16.1	3.9	337
		1600	245.3	1067.7	367.9	10.0	17.9	4.3	426
	1/5	800	185.3	286.8	212.7	7.1	12.8	3.1	145
		1000	205.3	447.9	270.0	8.1	14.5	3.5	214
		1200	225.3	649.8	320.6	9.1	16.3	3.9	291
		1400	245.3	893.7	363.2	10.0	18.0	4.3	376
	1/6	800	265.3	412.9	354.0	11.1	19.9	4.8	216
		1000	265.3	585.1	385.8	11.1	19.9	4.8	281
		1200	305.3	889.5	484.4	13.1	23.4	5.6	394
		1400	305.3	1127.9	485.0	13.1	23.4	5.6	467
30	1/3	1400	229.3	774.6	326.0	8.8	15.8	3.8	305
		1600	245.3	1035.3	368.8	9.7	17.5	4.2	394
		1800	265.3	1329.8	411.7	10.7	19.2	4.6	491
		2000	285.3	1658.5	454.5	11.7	21.0	5.0	596
	1/4	1200	205.3	569.9	281.3	7.9	14.2	3.4	245
		1400	225.3	796.8	323.8	8.9	15.9	3.8	326
		1600	245.3	1057.4	366.7	9.8	17.7	4.2	415
		1800	265.3	1352.0	409.5	10.8	19.4	4.7	512
30	1/5	1000	205.3	444.5	264.5	8.0	14.4	3.4	205
		1200	225.3	646.5	315.0	9.0	16.1	3.9	282
		1400	245.3	890.4	357.5	9.9	17.9	4.3	367
		1600	265.3	1168.1	400.3	10.9	19.6	4.7	460
	1/6	800	305.3	468.0	423.2	12.0	23.3	5.6	240
		1000	305.3	666.5	462.7	13.0	23.3	5.6	313
		1200	305.3	888.4	478.8	13.0	23.3	5.6	386
		1400	325.3	1200.5	521.1	13.9	25.0	6.0	487
40	1/3	1600	225.3	918.1	322.3	8.7	15.6	3.7	332
		1800	265.3	1303.3	408.0	10.6	19.1	4.6	461
		2000	285.3	1631.8	450.9	11.6	20.8	5.0	566
		2200	305.3	1994.5	493.7	12.6	22.6	5.4	679
	1/4	1400	225.3	779.6	320.4	8.8	15.8	3.8	304
		1600	245.3	1040.2	363.3	9.8	17.5	4.2	393
		1800	265.3	1334.8	406.1	10.7	19.3	4.6	490
		2000	285.3	1663.4	449.0	11.7	24.0	5.0	595
	1/5	1200	225.3	632.5	314.6	8.9	16.0	3.8	264
		1400	225.3	802.8	314.9	8.9	16.0	3.8	321
		1600	265.3	1154.1	399.9	10.9	19.5	4.7	442
		1800	265.3	1358.1	399.9	10.9	19.5	4.7	507
	1/6	1000	325.3	697.2	504.0	13.9	25.0	6.0	318
		1200	325.3	934.2	522.0	13.9	25.0	6.0	395
		1400	325.3	1189.7	522.7	13.9	25.0	6.0	472
		1600	345.3	1555.3	564.3	14.9	26.7	6.4	581

附注：表列数量为一个桥台的材料数量。

石拱桥　汽车—20级，挂车—100

跨径 L_0=25,30,40,50,60米，矢跨比 $\frac{f_0}{L_0}=\frac{1}{3},\frac{1}{4},\frac{1}{5},\frac{1}{6}$

跨径 L_0 (米)	矢跨比 f_0/L_0	桥台高度 H (厘米)	材料规格及圬工体积 单位：米³						勾缝面积 (米²)
			基础 (50号砂浆砌片石、块石镶面)	台身砌体 (50号砂浆砌片石、块石镶面)	台身填土 (砂砾土或碎卵石类土)	人行道 (75号砂浆砌粗料石)	行车道铺装 (沥青碎石或泥结碎石路面)	石栏杆 (100号砂浆砌料石)	
50	1/3	2000	305.3	1723.2	490.9	12.4	22.3	5.4	577
		2200	345.3	2044.5	576.5	14.4	25.8	6.2	733
		2400	385.3	2333.7	662.2	16.3	29.3	7.0	915
		2600	425.3	3490.9	747.9	18.3	32.8	7.9	1108
	1/4	1600	245.3	1026.7	351.0	9.7	17.3	4.2	371
		1800	265.3	1321.4	393.8	10.6	19.1	4.6	468
		2000	285.3	1649.9	436.7	11.6	20.8	5.0	573
		2200	305.3	2012.6	479.5	12.6	22.6	5.4	686
	1/5	1400	265.3	943.9	387.2	10.8	19.4	4.6	359
		1600	265.3	1147.9	387.2	10.8	19.4	4.6	424
		1800	265.3	1351.9	387.2	10.8	19.4	4.6	489
		2000	305.3	1805.1	472.9	12.7	22.9	5.5	634
	1/6	1200	345.3	989.5	552.0	14.8	26.5	6.4	404
		1400	345.3	1262.1	552.7	14.8	26.5	6.4	485
		1600	345.3	1534.1	552.7	14.8	26.5	6.4	566
		1800	365.3	1913.6	594.3	15.8	28.3	6.8	683

跨径 L_0 (米)	矢跨比 f_0/L_0	桥台高度 H (厘米)	材料规格及圬工体积 单位：米³						勾缝面积 (米²)
			基础 (50号砂浆砌片石、块石镶面)	台身砌体 (50号砂浆砌片石、块石镶面)	台身填土 (砂砾土或碎卵石类土)	人行道 (75号砂浆砌粗料石)	行车道铺装 (沥青碎石或泥结碎石路面)	石栏杆 (100号砂浆砌料石)	
60	1/3	2400	425.3	3103.3	738.6	18.1	32.5	7.8	981
		2600	465.3	3794.5	824.3	20.1	36.0	8.6	1182
		2800	505.3	4553.8	909.9	22.0	39.5	9.5	1399
		3000	545.3	5381.0	995.6	24.0	43.0	10.3	1632
	1/4	2000	305.3	1744.8	470.4	12.4	22.3	5.4	590
		2200	345.3	2266.0	556.1	14.4	25.8	6.2	751
		2400	385.3	2855.3	641.7	16.3	29.3	7.0	928
		2600	425.3	3512.5	727.4	18.3	32.8	7.9	1121
	1/5	1600	305.3	1315.2	457.1	12.6	22.5	5.4	469
		1800	305.3	1553.2	457.1	12.6	22.5	5.4	542
		2000	305.3	1791.2	457.1	12.6	22.5	5.4	615
		2200	345.3	2312.4	542.8	14.5	26.0	6.2	776
	1/6	1400	385.3	1402.6	621.5	16.6	29.8	7.1	525
		1600	385.3	1708.6	621.5	16.6	29.8	7.1	614
		1800	385.3	2014.6	621.5	16.6	29.8	7.1	703
		2000	425.3	2569.8	707.2	18.5	33.3	8.0	872

附注：表列数量为一个桥台的材料数量。

石拱桥

汽车-20级，挂车-100

跨径：25,30,40,50,60米；矢跨比 1/3, 1/4, 1/5, 1/6

冷—7

U型桥台材料表（二）   图号 55

跨径 L_0 (米)	矢跨比 $\frac{f}{L_0}$	桥台高度 H (厘米)	台身 (75号砂浆砌块石)	横墙 (75号砂浆砌块石)	侧墙 (50号砂浆砌块石)	填料 (10号砂浆砌片石)	抹平层 (100号小石子混凝土)	人行道 (75号砂浆砌粗料石)	行车道铺装 (同上部构造)	石栏杆 (100号砂浆砌料石)	勾缝面积 (米²)
25	1/3	1200	78.3	159.4	3.3	15.3	1.0	1.8	4.5	0.8	226
		1400	135.3								274
		1600	205.1								324
		1800	283.3								376
	1/4	800	29.4	119.9	2.5	11.8	1.0	1.9	4.8	0.8	140
		1000	81.1								186
		1200	154.7								237
		1400	233.3								290
	1/5	800	62.3	96.1	2.0	9.4	1.0	1.9	4.8	0.8	143
		1000	139.3								195
		1200	229.8								251
		1400	337.2								310
	1/6	600	33.3	79.9	1.7	7.8	1.1	2.0	4.9	0.8	99
		800	105.6								150
		1000	201.2								207
		1200	307.7								266
30	1/3	1200	33.4	191.7	3.7	17.5	1.0	1.8	4.6	0.8	219
		1400	87.7								265
		1600	151.4								314
		1800	228.1								366
	1/4	1000	49.1	143.9	2.9	13.6	1.0	1.9	4.7	0.8	180
		1200	108.7								228
		1400	190.8								281
		1600	285.0								337

跨径 L_0 (米)	矢跨比 $\frac{f}{L_0}$	桥台高度 H (厘米)	台身 (75号砂浆砌块石)	横墙 (75号砂浆砌块石)	侧墙 (50号砂浆砌块石)	填料 (10号砂浆砌片石)	抹平层 (100号小石子混凝土)	人行道 (75号砂浆砌粗料石)	行车道铺装 (同上部构造)	石栏杆 (100号砂浆砌料石)	勾缝面积 (米²)
30	1/5	800	36.8	115.4	2.3	10.9	1.0	1.9	4.8	0.8	138
		1000	103.4								188
		1200	194.6								243
		1400	298.2								301
	1/6	800	71.3	98.1	1.9	9.0	1.0	1.9	4.8	0.8	142
		1000	164.4								198
		1200	273.7								258
		1400	394.1								320
40	1/3	1600	57.7	316.2	4.8	22.3	1.2	2.3	5.8	1.0	321
		1800	121.9								370
		2000	196.9								421
		2200	278.3								474
	1/4	1400	102.3	237.4	3.7	17.1	1.3	2.3	5.9	1.0	281
		1600	179.3								333
		1800	278.8								390
		2000	395.5								452
	1/5	1200	106.8	195.3	2.5	11.8	1.3	2.4	6.1	1.0	242
		1400	201.5								298
		1600	315.1								359
		1800	449.0								424
	1/5	1000	88.3	160.7	2.1	9.8	1.3	2.4	6.1	1.1	196
		1200	188.9								254
		1400	311.5								317
		1600	471.6								388

附注 表列数量为一个桥台的材料数量。

石拱桥

引桥式桥台材料表（一）

引桥孔上部构造材料表

引桥孔跨径 L_2 (米)	矢跨比 $\frac{f}{L_2}$	材料规格及砌工体积 单位：米³							勾缝面积 (米²)
		拱圈 (100号砂浆砌块石)	侧墙 (50号砂浆砌块石)	填料 (40号砂浆砌片石)	抹平层 (100号小石子混凝土)	人行道 (5号砂浆铺装)	行车道铺装 (同上部构造)	石栏杆 (100号砂浆砌料石)	
6	1/3	27.6	6.4	29.8	3.5	6.6	11.8	2.8	95
6	1/4	24.9	5.1	23.8	3.5	6.5	11.6	2.8	86
8	1/3	36.3	10.7	49.8	4.6	8.5	15.3	3.7	128
8	1/4	32.8	8.6	39.9	4.5	8.4	15.1	3.6	115
10	1/3	50.7	16.4	76.4	5.7	10.6	19.0	4.5	
10	1/4	45.9	13.1	61.3	5.6	10.5	18.8	4.5	
13	1/3	72.9	27.0	126.0	7.3	13.6	24.4	5.3	
13	1/4	66.1	21.7	101.2	7.2	13.6	24.2	5.2	

附注：表列数量为一个桥台的材料数量。

引桥式桥台材料表（二）

跨径 L_0 (米)	矢跨比 $\frac{f}{L_0}$	桥台高度 H (厘米)	材料规格及砌工体积 单位：米³							勾缝面积 (米²)
			台身 (75号砂浆砌块石)	横墙 (75号砂浆砌块石)	侧墙 (50号砂浆砌块石)	填料 (40号砂浆砌片石)	抹平层 (100号小石子混凝土)	人行道 (5号砂浆铺装)	行车道铺装 石栏杆 (100号砂浆砌料石)	
50	1/3	2000	86.8	458.8	7.1	33.2	1.4	2.7	6.9	1.2	421
		2200	161.1								473
		2400	285.7								536
		2600	362.1								588
	1/4	1600	96.4	344.5	5.5	25.5	1.5	2.8	7.0	1.2	332
		1800	175.8								385
		2000	277.9								423
		2200	395.2								504
	1/5	1400	115.6	279.4	4.0	18.5	1.5	2.9	7.2	1.2	292
		1600	217.6								350
		1800	338.6								413
		2000	492.1								483
	1/6	1200	108.9	232.1	3.3	15.3	1.5	2.9	7.3	1.2	246
		1400	222.0								307
		1600	356.5								373
		1800	516.4								444
60	1/3	2400	121.0	635.1	9.1	42.6	1.7	3.2	7.9	1.4	534
		2600	214.6								590
		2800	321.7								649
		3000	439.0								711
	1/4	2000	167.6	477.0	6.9	32.4	1.7	3.2	8.0	1.4	444
		2200	275.0								503
		2400	401.8								567
		2600	536.8								632
	1/5	1600	128.0	381.8	5.5	25.8	1.7	3.2	8.1	1.4	346
		1800	235.0								405
		2000	361.4								470
		2200	498.4								535
	1/6	1400	133.4	317.5	4.6	21.5	1.8	3.3	9.2	1.4	299
		1600	252.1								361
		1800	396.3								429
		2000	561.9								502

石拱桥
跨径：25、30、40、50、60米，矢跨比：1/3、1/4、1/5、1/6
汽车—20级，挂车—100
引桥式桥台材料表（二）
图号 37